박코치의
100 단어
여행 영어

KB068216

현지에서 통하는 심플한 한마디

박코치의
100단어
여행 영어

박코치어학원 지음

RHK
알에이치코리아

상황을 해결하는
단어의 힘!

다음은 해외여행 가서 있을 법한 상황이다.

1 호텔에서 당당히 체크인을 마친 여행자, 와이파이 비밀번호를 묻고 싶다. 비밀번호는 'secret number'일까?	**2** 거리를 누비며 쇼핑을 즐기던 여행자, 고가에 스타킹에 시선이 꽂혔다. 포장을 살짝 뜯어 옷감을 만져보고 싶은데, 이걸 뭐라고 말해야 하나?
3 비행기 출발 시간까지 묵직한 캐리어를 호텔에 맡기고 싶다. 그런데 '맡아주세요'가 영어로 뭐더라….	**4** 유명하다는 레스토랑에서 스파게티를 먹으려는 순간 아, 면발이 너무 불었다. 서버에게 항의하려는데 면발이 '불었다'고 말할 수가 없네!

답은 이렇다.

1		2	
	wifi password		Open? Touch inside?
3		**4**	
	keep		soft

시작부터 퀴즈를 낸 이유는 이렇다. 해외여행 시 복잡한 상황을 해결하는 힘은 '단어'에 있다. 결코 거창한 문장이 아니다. 실제로 원어민도 핵심 단어를 중심으로 의사소통한다. 결코 패턴이나 문장에 치중해 소통하지 않는다. 그러니 더듬더듬 문법 맞추느라 시간 허비할 필요 없다. 단어 먼저 내뱉으면 게임 끝이다.

우리가 해외여행 가서 유독 영어에 어려움을 겪는 것은 외국인과 진짜 의미를 주고받으려는 노력보다는, 시험 봐서 등수를 매기는 영어 교육에 익숙하기 때문이다. 괄호 안에 들어갈 전치사나 과거형이 맞고 틀리고에 열 올리다 보니, 문장으로 소통하지 못하면 창피하다고 느낀다. 국내에 쏟아져 나오는 영어회화 책들 역시 대부분 '패턴'이나 '문장'을 강조하고 있다. 몇 가지 패턴, 혹은 몇 가지 문장으로 여행 영어를 끝낼 수 있다고 말한다. 하지만 실제로 문장을 만드는 '패턴'으로만 상황이 해결되지 않는다는 것을 여러 경험을 통해 독자들도 알 것이다. 상황에 꼭 맞으면서도 결코 어렵지 않은 단어, 그 한마디를 찾아 말하면 된다.

이 책은 이런 의도로 기획되었다. 해외여행 시 자주 쓰는 빈도수 높은 단어를 '생존 영단어 100'에 집약하여 담았고, 개정 작업을 통해 최근 더욱 자주 쓰는 단어를 다시 한 번 추려냈다. 이 '100 단어' 선정을 위해 원어민과 수없이 의견을 주고받았다. 급할 때 이 부분만 익혀도 크게 문제없는 여행을 할 수 있다. 그렇다고 상황별로 꼭 필요한 회화를 포기하진 않았다. 핵심 단어를 중심으로 '말하기'와 '대화하기'를 정리해 실제 회화 시 바로 쓸 수 있다.

모든 파트에서 요즘 많이 사용하지 않는 말들은 뺐다. 많은 여행 영어 책에 있는 "비행기 티켓 예약을 재확인하고 싶은데요."와 같은 문장 말이다. 요즘 누가 비행기 예약을 재확인하는가? 철저히 많이 쓰는 말, 여행자들이 답답해하는 말을 위주로 담았다.

사실 해외여행은 영어회화 실력 향상을 위한 최고의 어학연수 환경이다. 여기에 제시된 생존 영단어 100개를 계기로 영어 울렁증을 극복해보자. 그리고 위기를 모면하는 것을 넘어 단어든, 문장이든 자꾸 내뱉어보자. 결국 언어는 시행착오의 산물이다. 불편함 없는 해외여행을 원하는가? 그렇다면 완벽한 영어 문장보다 적재적소에 맞는 핵심 단어를 뱉어보라!

원어민 발음 · 동영상 강의 듣는 법

QR 코드

영어 표현은 한글 독음으로 표기하는 대신, 원어민 발음을 QR 코드에 실었습니다.
각 상황별로 적합한 단어와 표현을 QR 코드로 찍어 바로 들어보세요.

① **Phone** 'QR 코드 스캐너' 앱을 다운로드하거나, 네이버 검색 바 오른쪽의 카메라를 선택합니다.

② **Phone** 카메라 활성화 상태에서 각 페이지에 삽입된 QR 코드를 찍으면 바로 원어민 발음을 들을 수 있습니다.

MP3 파일

본문에 수록된 영어 표현 전체가 MP3 파일에 담겨 있습니다.
QR 코드를 찍어서 실시간 청취하거나
미리 다운로드해서 데이터 사용이 자유롭지 않은 비행기, 혹은 현지에서 들어보세요.

① **Phone** 본 도서 앞날개의 저자 소개 하단에 있는 QR 코드를 찍으면, 실시간 청취 및 다운로드 가능합니다.

동영상 강의

QR 코드를 찍어 동영상 강의를 실시간 시청하거나, 다운로드한 후 시청할 수 있습니다.
총 강의 시간은 약 3시간으로, 비행기 안에서 보려면 꼭 미리 다운로드하세요.

① **Phone** 본 도서 앞날개의 저자 소개 하단에 있는 QR 코드를 찍으면, 실시간 시청 및 다운로드 가능합니다.

＊ 아이폰은 직접 파일을 다운로드하는 게 불가해, 전용 앱을 활용하거나 PC에서 다운로드한 후 폰으로 파일을 옮겨야 합니다.
＊ QR 코드 인식이 어렵다면, 인터넷 카페 강남 박코치어학원 http://cafe.naver.com/myparkcoach '박코치의 100단어 여행 영어'
코너에서 실시간 시청 및 다운로드 가능합니다.

**박코치
영어학습기**

'박코치 영어학습기' 앱을 활용하면, 휴대폰에서 MP3 파일의 영어 발음을 구간 반복해서 들을 수 있고, 해당 구간의 자막을 볼 수 있습니다.

① **PC** 강남 박코치어학원 카페 http://cafe.naver.com/myparkcoach '박코치의 100단어 여행 영어' 코너에서 MP3 파일을 다운로드하세요.

② **Phone · PC** 휴대폰에서 박코치 영어학습기 앱을 다운로드한 후, 컴퓨터와 휴대폰을 연결해 휴대폰 내부저장소의 'ParkCoach' 폴더를 클릭합니다. '박코치의 100단어 여행 영어' MP3 파일 폴더를 이곳으로 끌어와 옮기세요.

③ **Phone** 박코치 영어학습기에 '박코치의 100단어 여행 영어' 파일이 들어왔습니다. 구간 반복과 자막 표시 기능을 활용해보세요.

Phone.
구간 반복 · 자막 표시 이용법

홈, 혹은 ← 표시를 누르면 훈련파일 리스트로 이동합니다.

처음엔 자막이 보이지 않고 밑줄(____)만 보입니다. 이곳을 한 번 클릭하면 첫 행의 알파벳 3개만 나오고, 두 번 클릭하면 해당 행의 자막이 모두 나타납니다.

클릭하면 V 표시되며, 표시된 행의 음원이 무한 반복됩니다.

목차

1 생존 영단어 100

생존 영단어 100 _12
PLUS 생존 패턴 10 _30

---

2 공항에서

공항에서 통하는 한마디 _36
탑승권 발급받기 _38
수하물 부치기 _40
보안 검색받기 _42
면세점 쇼핑하기 _44
환승하기 _46
입국 심사받기 _48
세관 신고하기 _50
수하물 찾기 _52
환전하기 _54
PLUS 달력 · 시간 · 숫자 읽고 말하기 _56·57
PLUS 한눈에 보는 출 · 입국 절차 _58
PLUS 공항에서 유용한 단어 _59

---

3 기내에서

기내에서 통하는 한마디 _62
좌석 찾기 _64
기내식 요청하기 _66
기내 서비스 요청하기 _68
기내 면세품 주문하기 _70
기내 기기 · 시설 문의하기 _72
PLUS 입국신고서 작성하기 _74
PLUS 기내에서 유용한 단어 _75
PLUS 기내 안내방송 듣기 _76

4 교통수단

교통수단 이용할 때 통하는 한마디 _80

교통권 구매하기 _82

버스 타고 내리기 _84

전철 · 기차 타고 내리기 _86

택시 타고 내리기 _88

렌터카 빌리기 _90

주유 · 주차하기 _92

도보로 길 찾기 _94

교통편 놓쳤을 때 _96

PLUS 운전 시 유용한 단어 _98

PLUS 해외 주유소 사용 설명서 _99

5 숙소에서

숙소에서 통하는 한마디 _102

객실 예약하기 _104

숙소 체크인하기 _106

숙소 체크아웃하기 _108

부대시설 이용하기 _110

숙소 서비스 요청하기 _112

객실 비품 요청하기 _114

불편사항 말하기 _116

PLUS 호텔에서 유용한 단어 _118

PLUS 호텔 서비스 이용법 _119

6 식당에서

식당에서 통하는 한마디 _122

식당 예약하기 _124

자리 안내받기 _126

메뉴 주문하기 _128

요리 설명 듣기 _130

식당 서비스 요청하기 _132

음식 불만 제기하기 _134

음식값 계산하기 _136

패스트푸드 주문하기 _138

커피 주문하기 _140

주류 주문하기 _142

PLUS 식당에서 유용한 단어 _144

PLUS 세계 각국의 팁 문화 _146

7 관광할 때

관광할 때 통하는 한마디 _150

관광지 정보 얻기 _152

투어 상품 예약하기 _154

공연 표 구입하기 _156

박물관 · 미술관 관람하기 _158

축구 · 야구 관람하기 _160

골프장 예약하기 _162

사진 촬영 부탁하기 _164

외국인과 대화하기 _166

PLUS 외국인과 대화할 때 유용한 표현 _168

PLUS 현지인에게 꼭 묻고 싶었던 한마디 _170

8 쇼핑할 때

쇼핑할 때 통하는 한마디 _174
제품 문의하기 _176
착용 요청하기 _178
가격 흥정하기 _180
제품 계산하기 _182
포장 요청하기 _184
교환·환불하기 _186
PLUS 쇼핑할 때 유용한 색상 단어 _188
PLUS 해외 의류·신발 사이즈 _189·190

9 위급상황

위급상황 시 통하는 한마디 _194
분실·도난 신고하기 _196
부상·아플 때 _198
교통사고 당했을 때 _200
PLUS 위급상황 시 대처 요령 _202

10 해외여행 준비
D-50

D-50 여행 정보 수집·계획하기 _206
D-45 여권 준비하기 _208
D-40 항공권 예약하기 _209
D-30 숙소 예약하기 _210
D-10 면세점 쇼핑하기 _211
D-5 구글맵 준비하기 _212
D-3 환전하기 _214
D-1 짐 꾸리기 _215

여행 단어 사전 _216

1 생존 영단어 100

생존 영단어 100

PLUS 생존 패턴 10

※ 이 파트에 소개된 '생존 영단어 100'은 상황별 '핵심 여행 단어'에 중요 표시(★)가 되어 있다.

❶ 좌석

seat
- 좌석 번호 seat number
- 내 자리 my seat

▷ 통로 좌석으로 부탁합니다.
An aisle seat, please.

▷ 내 자리 어디예요?
Where is my seat?

❷ 여권 공항 위급상황

passport

▷ 여권과 전자항공권 주세요.
Your passport and e-ticket, please.

▷ 여권 재발급받고 싶어요.
I want to have my passport reissued.

❸ 탑승구 공항

gate

▷ 탑승구로 가세요.
Please go to the gate.

❹ 탑승권 공항 기내

boarding pass

▷ 탑승권을 보여주시겠어요?
May I see your boarding pass, please?

❺ 짐·수하물 공항 숙소

baggage = luggage
- 수하물 찾는 곳 baggage claim
- 수하물 영수증 baggage claim tag

▷ 짐을 저울에 올려주세요.
Please put your baggage on the scale.

▷ 짐 좀 맡길게요.
Keep my luggage, please.

❻ 무게 공항

weight
- 규정 무게 초과 overweight

▷ 수하물 무게가 얼마까지 가능하죠?
What's the weight limit?

❼ 대기
공항 교통 식당

waiting
- 대기자 명단 waiting list

▷ 대기자 명단에 이름 올려주세요.
Please put me on the waiting list.

❽ 터미널
공항 교통

terminal
- 여객 터미널 passenger terminal
- 버스 터미널 bus terminal

▷ 1번 터미널은 어디예요?
Where is terminal one?

❾ 액체류
공항

liquids

▷ 가방에 액체류 있나요?
Do you have any liquids in your bag?

❿ 가장 인기 있는
관광 쇼핑 식당

the most popular
- 가장 유명한 the most famous

▷ 가장 인기 있는 게 뭐죠?
What's the most popular one?

▷ 가장 유명한 곳을 추천해주세요.
Please recommend the most famous place.

⓫ 이것
식당 쇼핑

this one

▷ 이걸로 하나 주세요.
I'll take this one.

▷ 이 제품 추천할게요.
This one is the hottest item.

▷ 이것을 갖고 싶어요.
I'd like to have this one.

⓬ 환승
공항 교통

transit = transfer

▷ 전 LA행 비행기 환승객입니다.
I am a transit passenger for LA.

⑬ 경유 공항 교통

layover ≒ **stopover**

↔ 직항,직통,직행 direct

▷ 샌프란시스코에서 경유할 겁니다.
We have a stopover in San Francisco.

▷ 이 비행기는 LA 직항으로 비행합니다.
This plane is flying direct to LA.

⑭ 연착 공항

delay

▷ 그 비행기는 30분 연착되었네요.
The flight is delayed 30 minutes.

⑮ 벗다 공항

take off

▷ 겉옷을 벗어야 하나요?
Do I need to take off my jacket?

▷ 모자를 벗어주세요.
Please take off your hat.

⑯ 머물다 공항 숙소 관광

stay

▷ 빅토리아 호텔에 묵을 예정입니다.
I'll stay at Victoria hotel.

▷ 얼마나 머물 예정인가요?
How long will you stay?

⑰ 외국인 공항

foreigner

↔ 거주자 resident

▷ 저는 외국인 줄에 서야 하죠?
Do I need to use the line for foreigners?

⑱ 카트 공항 쇼핑

trolley = cart

TIP 주로 영국에서는 trolley, 미국에서는 cart를 쓴다.

⤷ 쇼핑 카트 shopping trolley
⤷ 수하물 카트 baggage cart

▷ 수하물 카트는 어디에 있나요?
Where is the baggage cart?

⑲ 찾다
find

공항 교통

▷ 제 수하물을 찾을 수 없어요.
I can't find my baggage.

▷ 바로 옆에 무료 주차장이 있어요.
You can find a free parking lot next to this building.

⑳ 분실하다, 지나치다
miss

공항 교통

▷ 제 짐을 분실했어요.
My baggage is missing.

▷ 내릴 정류장을 지나쳤어요.
I missed my stop.

㉑ 환전, 환전소
money exchange

공항

▷ 환전소가 어디죠?
Where is the money exchange?

▷ 유로로 환전하고 싶어요.
I'd like to exchange this for Euro.

㉒ 주세요, 부탁해요
please

공항 교통 숙소 식당 관광 쇼핑

▷ 소고기로 주세요.
Beef, please.

▷ 담요 주세요.
Blanket, please.

㉓ 면세
duty-free

공항 기내

▷ 지금부터 면세품 판매를 시작하겠습니다.
We will now begin our duty-free service.

▷ 면세점이 어디죠?
Where's the duty-free shop?

㉔ 현금
cash

기내 식당 쇼핑

⟷ 신용카드 credit card

▷ 현금으로 할게요.
I'll pay cash.

▷ 신용카드 되나요?
Do you take credit cards?

㉕ 어떻게 ~하는지(사용법) `기내`
how to

▷ 어떻게 사용하는지 모르겠어요.
I don't know how to use it.

㉖ 한국어 자막 `기내`
Korean subtitles

▷ 한국어 자막이 지원되는 영화를 보고 싶어요.
I'd like to watch a movie with Korean subtitles.

㉗ 고장나다 `기내` `숙소`
not work = broken

▷ 이 스크린 고장 났어요.
The screen is not working.

▷ 에어컨이 고장이에요.
The air conditioner is broken.

▷ 화장실 변기가 고장이에요.
The toilet is not working.

㉘ 표 `공항` `교통` `관광`
ticket
- 버스/기차 표 bus/train ticket
- 돌아가는 표 return ticket
- 매표소 ticket office

▷ 버스 표 한 장 주세요.
A bus ticket, please.

▷ 돌아가는 비행기 표 좀 보여주시겠어요?
May I see your return ticket?

㉙ 편도 `교통`
one way
- 왕복 round trip

▷ 편도 표 한 장 주세요.
A one way ticket, please.

㉚ 어른 `교통` `식당` `관광`
adult
- 아이 kid

▷ 어른 왕복 표 한 장 주세요.
A round trip ticket for an adult, please.

㉛ 1일 교통권 교통
a day pass

▷1일 교통권 사고 싶어요.
I'd like to get a day pass.

㉜ 지도 교통 관광
map
🔄 노선도 route map

▷ 안내소에서 지도를 받는 게 좋겠네요.
You'd better get a map from the information desk.
▷ 노선도 있나요?
Can I get a route map?

㉝ 시간표 교통
timetable

▷ 버스 시간표 좀 볼 수 있나요?
Can I see the bus timetable?

㉞ 충전 교통
recharge

▷ 교통카드 좀 충전해주세요.
Please recharge my card.

㉟ 정류장 교통
stop
🔄 내릴 정류장 my stop
🔄 버스 정류장 bus stop

▷ 내릴 정류장을 지나쳤어요.
I missed my stop.
▷ 이번에 내리면 되나요?
Do I need to get off at this stop?

㊱ 내리다 교통
get off
🔄 타다 get on

▷ 어느 정류장에서 내려야 하죠?
At which stop should I get off?
▷ 여기서 내릴게요.
Let me get off here.

19

37 역

station

- ⓐ 전철역 subway station
- ⓑ 기차역 train station

▷ 여기서 가장 가까운 전철역이 어디죠?
Where is the nearest subway station?

38 노선, 줄

line

▷ 3호선은 어디서 탈 수 있나요?
Where can I take line number 3?

▷ 이 줄이 박물관 관람을 위한 건가요?
Is this the line for the museum?

39 주소

address

- ⓑ 체류지 주소 contact address

▷ 이 주소로 가주세요.
Please go to this address.

▷ 세관 신고서에 호텔 주소 적으셨나요?
Did you write the hotel address on the customs form?

40 택시

taxi

- ⓑ 콜택시 cab

▷ 콜택시를 부르려고 해요.
I'm calling a cab.

41 열다

open

▷ 트렁크 열어주세요.
Open the trunk, please.

▷ 열어서 만져봐도 돼요?
Is it okay to open this and touch it?

▷ 레스토랑 언제 오픈해요?
When is the restaurant open?

42 여기 교통 숙소 식당 관광 쇼핑

here

▷ 여기서 내릴게요.
Let me get off here.

▷ 여기 있어요.
Here you are.

㊸ 저기, 거기
there = over there(저쪽)

▷ 거기까지 걸어갈 수 있나요?
Can I go there on foot?

㊹ 길을 잃다, 분실하다
lost

▷ 길을 잃었어요.
I'm lost.

▷ 휴대폰을 분실했어요.
I lost my mobile phone.

㊺ 가까운
near
☺ 가장 가까운 nearest
↔ 멀리 far

▷ 여기서 가깝나요?
Is it near here?

▷ 가장 가까운 버스 정류장이 어디인가요?
Where is the nearest bus stop?

㊻ 걷다
walk = on foot (걸어서)

▷ 이 길 따라 걸으면 돼요.
Just walk along this street.

▷ 걸어갈 수 있나요?
Can I go there on foot?

㊼ 오른쪽, 맞다
right
↔ 왼쪽 left

▷ 시장에서 좌회전하세요.
Turn left at the market.

▷ 이쪽 길이 맞나요?
Is this the right direction?

㊽ 직진 교통
go straight

▷ 이 길로 쭉 직진하세요.
Go straight along this street.

㊾ 방 · 객실

숙소 쇼핑

room

↳ 객실 번호 room number

▷ 방 있나요?
Do you have any rooms?

▷ 703호 객실에 묵으면 됩니다.
Your room number is 703.

㊿ 예약

숙소 식당 관광

reservation

↳ 예약하다 reserve

▷ 저 예약했어요
I made a reservation.

▷ 이미 예약한 자리예요.
That's a reserved table.

(51) 1박

숙소

per night

↳ 2박 two nights

▷ 1박에 얼마예요?
How much is it per night?

(52) 조식 포함

숙소

breakfast included

▷ 조식 포함인가요?
Is breakfast included?

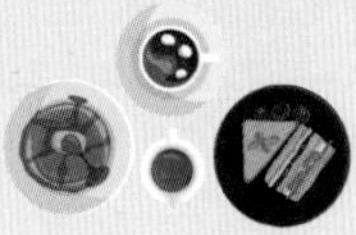

(53) 체크인

숙소

check in

↔ 체크아웃 check out

▷ 체크인하고 싶어요.
I'd like to check in.

▷ 체크아웃이 몇 시죠?
What time is check out?

(54) 보관하다, 맡기다

교통 숙소 식당

keep

▷ 제 짐 좀 보관해줄 수 있나요?
Could you keep my luggage?

▷ 잔돈은 됐어요.
Keep the change.

⑤⑤ 와이파이 비밀번호 숙소 식당
wifi password

▷ 와이파이 비밀번호가 뭐죠?
What is the wifi password?

⑤⑥ 무료 숙소
complimentary
ⓛ (호텔 등의) 무료 비품
complimentary amenity

▷ 객실 비품은 무료인가요?
Are amenities complimentary?

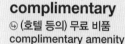

⑤⑦ 더 필요하다 숙소
need more
ⓛ 하나 더 one more

▷ 목욕 타올이 더 필요해요.
I need more bath towels.
▷ 한 병 더 주세요.
One more bottle, please.

⑤⑧ 교체하다 숙소
replace

▷ 새것으로 교체할 수 있나요?
Can you replace it with a new one?

⑤⑨ 문제 숙소
trouble

▷ 방에 문제가 있어요.
I'm having some trouble with the room.

⑥⓪ 자리를 예약하다 숙소 식당 관광
book a table
ⓛ 투어를 예약하다 book a tour
ⓛ 만석, 만실 all booked

▷ 자리 예약하고 싶어요.
I'd like to book a table.
▷ 자리 다 찼어요.
The tables are all booked.

⑥ 2인석 〔식당〕

a table for two

▷ 2명 자리 있나요?
Do you have a table for two?

⑥ 추천 〔식당〕 〔관광〕

recommendation
↳ 추천하다 recommend

▷ 무엇을 추천하시겠어요?
What is your recommendation?
▷ 유명한 요리 추천해주세요.
Could you recommend some famous
dishes?

⑥ 현지, 현지인 〔공항〕 〔식당〕 〔관광〕

local

▷ 현지 음식을 먹고 싶어요.
I'd like to try some local food.
▷ 현지인들이 좋아하는 요리가 뭐죠?
What are the favorite dishes among
locals?

⑥ 추가하다 〔공항〕 〔숙소〕 〔식당〕

extra
↔ 빼다 without = no

▷ 후추를 빼고, 매운 소스를 듬뿍 넣어주
세요.
No peppers, but extra spicy sauce
please.

⑥ 오늘의 특선 메뉴 〔식당〕

today's special

▷ 오늘의 특선 요리는 무엇인가요?
What is today's special?

⑥ 주문하다 〔식당〕

order
↔ 주문하지 않은 not order

▷ 주문하시겠어요?
May I take your order?
▷ 제가 주문한 게 아니에요.
This is not what I ordered.

67 상하다　　　식당
go bad = off

▷ 이거 상했어요.
This has gone bad.
= This is off.

68 계산서　　공항　숙소　식당
bill = check

▷ 계산서 주시겠어요?
Can I have the bill, please?

69 계산하다,　숙소　식당　쇼핑
지불하다
pay

▷ 계산할게요.
I'll pay for it.
▷ 이미 요금 지불했어요.
I already paid for it.

70 오류, 착오　　교통　식당
wrong

▷ 음식값에 착오가 있는 것 같아요.
I think this bill is wrong.
▷ 무슨 일이죠?
What's wrong?

71 영수증　　　식당　쇼핑
receipt

영수증 주세요.
Give me the receipt.

72 포장　　　　식당
take out = to go

▷ 여기서 드실 건가요? 포장하나요?
For here or to go?
▷ 포장할게요.
I want it to go.

73 가는 길 관광
way to~

▷ 시내 가는 길 좀 알려주세요.
Can you show me the way to downtown?

74 세금 환급 공항 쇼핑
tax refund

▷ 공항에서 세금 환급 가능해요?
Can I get tax refund at the airport?

75 시작 교통 숙소 관광
begin = start

▷ 투어 몇 시에 시작하나요?
When does the tour begin?

▷ 오전 7시부터 아침 식사할 수 있어요.
Breakfast starts at 7.

76 취소 숙소 식당 관광
cancel

▷ 예약을 취소할 수 있나요?
Can I cancel my reservation?

▷ 주문을 취소할 수 있나요?
Can I cancel my order?

77 변경, 잔돈 숙소 식당 관광
change

▷ 내일 오전 투어로 변경하고 싶어요.
I'd like to change the time of my tour
to tomorrow morning.

▷ 잔돈은 됐어요.
Keep the change.

78 안내 책자, 팸플릿 관광
brochure

▷ 무료 안내 책자를 받을 수 있나요?
Can I have a free brochure?

⑦⑨ 매진
쇼핑 관광
sold out

▷ 공연이 매진됐어요.
The show is sold out.

⑧⓪ 입구
공항 관광
entrance
↔ 출구 exit

▷ 입구가 어디예요?
Where is the entrance?

⑧① 화장실
기내 관광 숙소
restroom = toilet

▷ 화장실이 어디예요?
Where is the restroom?

⑧② 사진 찍다
관광
take a picture

▷ 사진 좀 찍어줄 수 있나요?
Could you take a picture of us please?

⑧③ 버튼을 누르다
관광
press the button

▷ 이 버튼만 누르면 돼요.
You just need to press this button.

⑧④ 천천히
공항 식당 관광
slowly

▷ 조금 천천히 말해줄래요?
Could you speak a little bit slowly?

⑧⑤ 세일 중
쇼핑
on sale = off

▷ 이거 세일 중인가요?
Is this on sale?

⑧⑥ 새것
숙소 식당 쇼핑
new one

▷ 디스플레이 상품 말고 새것으로 주세요.
Please give me a new one, not the display item.

87 둘러보다 　　　쇼핑
browse

▷ 그냥 둘러보는 거예요.
I'm just browsing.

88 착용해보다 　　　쇼핑
try on

▷ 이거 착용해봐도 돼요?
Can I try it on?

89 비싸다 　　　공항　쇼핑
expensive

▷ 마음에 드는데, 너무 비싸요.
I love it, but it's too expensive.

90 더 저렴한 　　　공항　쇼핑
cheaper

▷ 더 저렴한 것이 있나요?
Do you have anything cheaper?

91 할인하다 　　　숙소　쇼핑
discount

▷ 더 많이 깎아주세요.
I want a bit of a bigger discount.

92 교환 　　　쇼핑　공항　관광
exchange

▷ 다른 걸로 교환할 수 있나요?
Can I exchange it?

93 환불 　　　교통　관광　쇼핑
refund

▷ 환불해주세요.
I want to get a refund.

94 도난 신고서 　　　위급상황
police report

▷ 여기 도난 신고서 작성해주세요.
Please fill in this police report.

❾❺ 재발급 위급상황
reissue

▷ 여권 재발급받고 싶어요.
I want to have my passport reissued.

❾❻ 약 위급상황
medicine
⤷ 소화제 digestive medicine

▷ 소화제 주세요.
Digestive medicine, please.
▷ 약 여기 있습니다.
Here's your medicine.

❾❼ 비행기
flight
⤷ 편명 flight number
⤷ 다음 비행기 next flight

▷ 다음 출발이 언제죠?
When is the next flight?
▷ 제 비행기 편명은 KE0011입니다.
My flight number is KE0011.

❾❽ 추가 요금
extra charge

▷ 추가 요금이 있나요?
Is there on extra charge?

❾❾ 수수료, 비용
fee

▷ 수수료가 얼마죠?
How much is the fee?

❿⓿ 사고
accident

▷ 여기 사고가 났어요.
We had an accident here.
▷ 교통사고 신고하려고요.
I'd like to report a car accident.

PLUS

'생존 영단어 100'에 '생존 패턴 10'을 더하면 해외여행 시 웬만한 문장은 구사할 수 있다.

입구가 어디예요?
Where is the entrance?

내 자리 어디예요?
Where is my seat?

어디예요?
Where is

환전소가 어디예요?
Where is the money exchange?

가장 가까운 버스 정류장이 어디예요?
Where is the nearest bus stop?

다음 비행기 출발이 언제예요?
When is the next flight?

돌아가는 비행편이 언제예요?
When is your flight back?

언제예요?
When is

언제 탑승하나요?
When is boarding time?

다음 버스는 언제예요?
When is the next bus?

와이파이 비밀번호가 뭐예요?
What is the wifi password?

가장 인기 있는 공연이 뭐예요?
What is the most popular show?

뭐예요?
What is

당신의 방문 목적이 뭐예요?
What is the purpose of your visit?

무엇을 추천하시겠어요?
What is your recommendation?

거기까지 걸어갈 수 있나요?
Can I go there on foot?

예약을 취소할 수 있나요?
Can I cancel my reservation?

할 수 있나요?
Can I / Can you

이거 착용해봐도 돼요?
Can I try it on?

시내 가는 길 좀 알려줄 수 있나요?
Can you show me the way
to downtown?

환불하고 싶어요.
I want to get a refund.

예약 변경하고 싶어요.
I want to change my reservation.

하고 싶어요.
I want / I'd like to

2인석 예약하고 싶어요.
I'd like to book a table for two.

사고 나서 신고하려고요.
I'd like to report an accident.

여기는 제 좌석이에요.
This is my seat.

이거 상한 것 같아요.
This is off.

이것은 / 그것은 ~에요.
This is / It is

너무 헐렁하네요.
It's too loose.

너무 비싸요.
It's too expensive.

2달러예요.
It's 2 dollars.

가장 인기 있는 제품이에요.
It's the most popular one.

전부 얼마예요?
How much is it altogether?

이 표는 얼마예요?
How much is the ticket?

얼마예요?
How much

수수료가 얼마예요?
How much is the fee?

2인실 하룻밤에 얼마예요?
How much is a double room per night?

더 저렴한 것이 있나요?
Do you have anything cheaper?

더 작은 사이즈 있나요?
Do you have a smaller one?

있나요?
Do you have

2명 자리 있나요?
Do you have a table for two?

예약했나요?
Do you have a reservation?

저는 한국에서 왔어요.
I'm from Korea.

저는 휴가라 이곳에 왔어요.
I'm here on vacation.

저는
I'm

그냥 둘러보는 거예요.
I'm just browsing.

티셔츠를 찾는데요.
I'm looking for a T-shirt.

이걸로 할게요.
I'll take this one.

계산할게요.
I'll pay for it.

할게요.
I'll

다시 올 거예요.
I'll come back.

10일간 이곳을 여행하려고요.
I'll travel around here for 10 days.

2 공항에서

공항에서 통하는 한마디

탑승권 발급받기

수하물 부치기

보안 검색받기

면세점 쇼핑하기

환승하기

입국 심사받기

세관 신고하기

수하물 찾기

환전하기

PLUS 달력 · 시간 · 숫자 읽고 말하기

PLUS 한눈에 보는 출 · 입국 절차

PLUS 공항에서 유용한 단어

공항에서
통하는
한마디

I'd like to exchange
my money for dollars.
달러로 환전하고 싶어요.

I can't find my baggage.
제 짐을 찾을 수 없어요.

We have a stopover
in San Francisco.
샌프란시스코에서
경유(스탑오버)할 겁니다.

Here is my
baggage claim tag.
여기 수하물 영수증이요.

탑승권
발급받기

공항에 도착해 맨 처음 할 일은 탑승할 항공사의 카운터를 확인하는 것. 수속 카운터에 전자항공권과 여권을 제시하고 원하는 좌석을 요청하면, 비행기 좌석 번호가 찍힌 탑승권을 발급받을 수 있다.

🔊 핵심 여행 단어

좌석	seat ★	탑승구	gate ★
여권	passport ★	탑승권	boarding pass ★
창가 좌석	window seat	출발	departure
통로 좌석	aisle seat	~주세요	~please ★
앞 좌석	front row seat	직항, 직통	direct ★
비상구 좌석	exit seat	터미널	terminal ★
전자항공권	e-ticket	여객 터미널	passenger terminal ★

🎤 핵심 단어로 말하기

① 1번 터미널은 어디예요?

Where is terminal one?

② 창가 좌석으로 부탁합니다.

A window seat, please.

③ 비상구 좌석 가능한가요?

Is an exit seat available?

④ 동행자와 옆자리로 배정해주세요.

Please seat us next to each other.

🎧 핵심 단어로 대화하기

🗣 전자항공권과 여권 주세요.

Your e-ticket and passport, please.

👁 여기 있습니다.

Here you are.

🗣 이 비행기는 LA 직항으로 비행합니다. 맞나요?

This plane is flying direct to LA. Is that right?

👁 네, 맞아요. 통로 좌석으로 받을 수 있나요

Yes, Right. Could I get an aisle seat?

🗣 네, 통로 좌석으로 해드릴게요.

Yes, I'll get you an aisle seat.

탑승권 여기 있어요.

Here's your boarding pass.

출발 30분 전까지 탑승구로 가세요.

Please go to the gate 30 minutes before the departure.

수하물 부치기

수하물 부칠 땐 해당 항공사의 수하물 규정을 미리 확인할 것. 추가 요금을 내지 않도록 기내에 반입할 짐과 부칠 수하물의 양을 적절히 분배하는 센스가 필요하다.

🔊 핵심 여행 단어

짐·수하물	baggage = luggage ★	반입	bring in
무게	weight ★	비용	fee ★
규정 무게 초과	overweight ★	추가 요금	extra charge ★
경유	layover ★	저울	scale
휴대 가방	carry-on	지불하다	pay ★
		(짐 등을) 올려주세요	put it on

🎤 핵심 단어로 말하기

❶ 수하물 무게가 얼마까지 가능하죠?
What's the weight limit?

❷ 수하물 초과 비용은 얼마인가요?
How much is the extra charge?

❸ 이 휴대 가방은 기내 반입 가능한가요?
Can I bring this carry-on in the plane?

🎧 핵심 단어로 대화하기

🎙 짐을 저울에 올려주세요.
Please put your baggage on the scale.

💬 네. 제가 모스크바 경유하는데요,
Yes. I have a layover in Moscow.
거기서 짐을 찾아야 하나요?
Do I need to pick up my baggage there?

🎙 아닙니다. 최종 도착지에서 찾으면 돼요.
No, you can pick up your baggage at your final destination.
규정 무게보다 2kg 초과됐어요.
It's 2kg heavier than the weight allowance.

💬 추가 요금이 있나요?
Is there an extra charge?

🎙 네. 추가 요금은 5달러입니다.
Yes, you need to pay 5 dollars.

보안
검색받기

탑승 전 보안 검색을 받을 땐 겉옷과 모자 등을 벗어 바구니에 담아야 한다. 주머니에 있던 소지품도 모두 꺼내 올려놓자. 간혹 경보음이 울리거나 재검색을 받게 되어도 당황하지 말고 요청에 따르자.

🔊 핵심 여행 단어

벗다	take off ★	벨트	belt
액체류	liquids ★	휴대폰	cell phone = mobile phone = smartphone
허용하다	allow		
모자	hat	소지품	belonging
안경	glasses	주머니	pocket
겉옷	outerwear = jacket = coat	임산부	pregnant

🎤 핵심 단어로 말하기

❶ 겉옷을 벗어야 하나요?
Do I need to take off my jacket?

❷ 주머니에 아무것도 없어요.
I have nothing in my pocket.

❸ 이제 가도 되나요?
Can I go now?

❹ 저는 임산부예요.
I am pregnant.

🎧 핵심 단어로 대화하기

🗣 모자를 벗어주세요.
Please take off your hat.

👄 네.
Yes.

🗣 가방에 액체류가 있나요?
Do you have any liquids in your bag?

👄 음료수예요.
Some drinks.

🗣 죄송하지만, 기내에 허용하지 않습니다.
Sorry, they're not allowed on the plane.

👄 네. 금지 품목인지 몰랐어요.
I didn't know it's prohibited.

🗣 여기에 버리면 됩니다.
Put them here please.

면세점
쇼핑하기

DUTY FREE

면세점 쇼핑은 해외여행의 또 다른 즐거움! 특히 경유지에서, 혹은 한국으로 돌아오는 해외공항에서 면세점을 이용할 때 이 정도 표현은 익혀두자.

🔊 **핵심 여행 단어**

가장 인기 있는	the most popular ★	선글라스	sunglasses
이것	this one ★	더 저렴한	cheaper ★
가방	bag	계산하다	pay ★
화장품	cosmetics	면세	duty-free ★

🎤 핵심 단어로 말하기

❶ 가장 인기 있는 게 뭐예요?
What's the most popular one?

❷ 이걸로 할게요.
I'll take this one.

❸ 더 저렴한 것 있나요?
Do you have anything cheaper?

❹ 선물 포장되나요?
Could you gift wrap this?

❺ 이것은 기내 반입 가능한가요?
Is it possible to bring this on the plane?

▶️ 핵심 단어로 대화하기

👁 가장 인기 있는 가방이 뭐예요?
What's the most popular item among these bags?

🗨 여기 이 제품 추천할게요.
This one is the hottest item.

👁 이 제품으로 다른 색상 있나요?
Do you have this in another color?

🗨 네. 여기 회색 제품이 있습니다.
We have a gray one.

👁 이걸로 할게요.
I'll take this one.

환승하기

직항이 아닌 경유 항공권을 이용하는 경우, 초보 여행자에게 해외공항 환승은 꽤 부담스러운 절차이다. 대부분 'transfer(transit)' 표지판을 따라가면 문제없지만, 혹 헷갈린다면 공항 직원에게 망설이지 말고 물어보자.

TIP. 환승 시 자주 쓰이는 layover와 stopover는 뭐가 다를까? 두 단어 모두 '경유'라는 뜻. 차이점은 공항 내 체류 시간이 24시간을 넘느냐, 넘지 않느냐이다. stopover는 24시간을 넘기 때문에 짐 찾기, 입국심사, 세관심사 등을 모두 거쳐 공항 밖으로 나갔다가 들어오게 된다.

◀)) **핵심 여행 단어**

환승	transfer = transit ★	환승 편	connecting flight
경유	layover ≒ stopover ★	승객	passenger
연착	delay ★	대기	waiting ★
탑승	boarding ★	대합실	lounge
편명	flight number ★	탑승구	gate ★

🎤 핵심 단어로 말하기

❶ 전 LA행 비행기 환승객입니다.
I am a transit passenger for LA.

❷ 샌프란시스코에서 경유(스탑오버)할 겁니다.
I have a stopover in San Francisco.

❸ 몇 시에 탑승 시작하나요?
When is boarding time?

❹ 갈아탈 비행기를 놓친 것 같아요.
I think I missed my connecting flight.

🎧 핵심 단어로 대화하기

LA행 환승객입니다.
I am a transit passenger for LA.

몇 번 탑승구로 가야 하죠?
Which gate should I go to?

비행기 편명을 알려주세요.
Your flight number, please.

제 비행기 편명은 KE0011입니다.
My flight number is KE0011.

그 비행기는 30분 연착되었네요.
Your flight arrived 30 minutes behind schedule.

22번 탑승구로 가시면 됩니다.
Go to gate 22.

47

입국
심사받기

목적지에 도착한 비행기에서 내려 여행국으로 가는 첫 관문, 바로 입국 심사다. 간혹 입국 심사가 까다로운 나라도 있지만, 왕복 티켓을 보여주고 간단히 답할 수 있으면 통과하는 데 무리는 없다.

◀》 핵심 여행 단어

입국 심사	immigration	목적	purpose
왕복 티켓	return ticket ★	여행하다	travel ★
여권	passport ★	관광	sightseeing
머물다	stay ★	휴가	vacation
입국신고서	entry card	출발지	point of departure
거주자	resident ★	목적지	destination
외국인	foreigner ★	단지 ~하려고요	just ~ing

🎤 핵심 단어로 말하기

❶ 그냥 여행하려고요.
Just traveling.

❷ 저는 회사원입니다.
I'm an office worker.

❸ 빅토리아 호텔에 묵을 예정입니다.
I will stay at the Victoria hotel.

🎧 핵심 단어로 대화하기

💬 여권 좀 보여주세요.
Your passport, please.

💬 여기 있어요.
Here you are.

💬 어떤 목적으로 방문했나요?
What is the purpose of your visit?

💬 그냥 여행하려고요.
Just traveling.

💬 얼마나 머물 예정이죠?
How long are you going to stay here?

💬 일주일 계획하고 있어요.
I'm planning to stay for 1 week.

💬 돌아가는 비행기 표를 좀 보여주시겠어요?
May I see your return ticket?

💬 네. 여기 있어요.
Yes, here it is.

49

세관
신고하기

특히 타국을 경유하는 경우 세관 심사와 관련된 표현도 미리 준비할 것. 구매한 면세품이 한도를 넘지 않았는지, 반입 제한 물품은 없는지 확인하고 신고할 것은 미리 신고해 벌금을 내지 않도록 하자.

🔊 핵심 여행 단어

신고하다	declare	벌금	fine
세관	customs	농산품	agricultural products
세관 신고서	customs form	반입	bring in
가방	bag	선물	gift
세금	tax	면세 한도	duty-free allowance

🎤 핵심 단어로 말하기

❶ 이것을 신고하고 싶어요.
   I want to declare this.

❷ 세금 얼마예요?
   How much is the tax?

❸ 벌금 물어야 하나요?
   Do I have to pay a fine?

❹ 세관 신고서 작성할게요.
   I'll fill out the customs form.

❺ 이번에 산 것이 아니에요.
   This is a used one.

🎧 핵심 단어로 대화하기

🦻 신고할 물품이 있나요?
   Do you have anything to declare?

👄 아니요, 없습니다.
   No, nothing.

🦻 가방에 들어있는 것은 무엇인가요?
   What are the items in your bag?

👄 가족들 선물뿐입니다.
   Just some gifts for my family.

🦻 세관 신고서에 호텔 주소 적었죠?
   Did you write the hotel address on the customs form?

👄 네, 적었습니다.
   Yes, I did.

수하물
찾기

누구나 설레는 해외여행의 시작을 수하물 분실로 시작하고 싶지는 않을 것. 보통은 'baggage claim'이라 불리는 커다란 벨트 위에서 내가 부친 수하물을 찾는 게 어렵지 않다. 하지만 다음 비행편의 수하물이 나올 때까지 내 짐이 보이지 않는다면 직원에게 문의하자.

◀》 핵심 여행 단어

수하물	baggage ★	파손	broken ★
수하물 찾는 곳	baggage claim ★	일정표	itinerary
수하물 영수증	baggage claim tag ★	유모차	stroller
분실하다	miss ★	카트	trolley = cart ★

🎤 핵심 단어로 말하기

① 제 수하물을 찾을 수 없어요.
I can't find my baggage.

② 여기 수하물 영수증이요.
Here is my baggage claim tag.

③ 제 수하물 가방이 파손됐어요.
My luggage is broken.

④ 수하물 카트는 어디에 있나요?
Where is the baggage cart?

🎧 핵심 단어로 대화하기

◇ 제 수하물을 분실했어요.
My baggage is missing.

여기 수하물 영수증이요.
Here is my baggage claim tag.

🎧 수하물을 찾으면 당신이 있는 곳으로 보낼게요.
We will send it to your place if we find your baggage.

혹시 여행 일정표 있나요?
Can I have your itinerary?

◇ 네, 있습니다.
Yes, here it is.

🎧 당신이 묵는 호텔로 수하물을 보내드리겠습니다.
We will send your baggage to the hotel you are staying at.

환전하기

한국에서 미처 환전하지 못했다면 해외 공항에 도착해 환전소를 찾으면 된다. 공항에서도 환전하지 못했거나 여행 경비가 부족하다면, 여행지 곳곳에 있는 환전소를 찾아 다음과 같이 말하자.

◀》 핵심 여행 단어

환전, 환전소	money exchange ★	잔돈	change
지폐	bill	동전	coin
소액권 지폐	small bill	환율	exchange rate

🎤 핵심 단어로 말하기

① 환전소가 어디죠?
Where is the money exchange?

② 유로로 환전하고 싶어요.
I'd like to exchange this for Euros.

③ 오늘 환율이 얼마인가요?
What's the current exchange rate?

▶️ 핵심 단어로 대화하기

〰 달러로 환전하고 싶어요.
I'd like to exchange this money for dollars.

🔊 지폐와 동전 중에 무엇으로 드릴까요?
Bills or coins?

〰 소액권 지폐로 주세요.
Small bills, please.

🔊 여기 있습니다.
Here you are.

〰 잔돈이 얼마죠?
How much is the change?

🔊 70센트입니다.
It is 70 cents.

달력 읽고 말하기 PLUS

달력

1월 January	2월 February	3월 March	4월 April
5월 May	6월 June	7월 July	8월 August
9월 September	10월 October	11월 November	12월 December

월요일 Monday	화요일 Tuesday	수요일 Wednesday	목요일 Thursday	금요일 Friday	토요일 Saturday	일요일 Sunday
1일 first	2일 second	3일 third	4일 fourth	5일 fifth	6일 sixth	7일 seventh
8일 eighth	9일 ninth	10일 tenth	11일 eleventh	12일 twelfth	13일 thir teenth	14일 four teenth
15일 fif teenth	16일 six teenth	17일 seven teenth	18일 eigh teenth	19일 nine teenth	20일 twen tieth	21일 twenty-first
22일 twenty-second	23일 twenty-third	24일 twenty-fourth	25일 twenty-fifth	26일 twenty-sixth	27일 twenty-seventh	28일 twenty-eighth
29일 twenty-ninth	30일 thirtieth	31일 thirty-first				

시간 · 숫자 읽고 말하기 PLUS

시간		
2:05 five past two	2:15 quarter past two	2:30 two thirty / half past two
2:40 two forty / twenty to three	2:45 two forty-five / quarter to three	2:55 two fifty-five / five to three

숫자			
11 eleven	12 twelve	13 thirteen	14 fourteen
20 twenty	30 thirty	40 forty	50 fifty
60 sixty	70 seventy	80 eighty	90 ninety
100 one hundred	1,000 one thousand	10,000 ten thousand	100,000 one hundred thousand

1/2 a half	1/3 a third	1/4 a quarter
3/4 three-quarters	1/5 one-fifth	$2\frac{1}{2}$ two and a half

비율(%) percentage (percent)	소수점 a (decimal) point

한눈에 보는 출·입국 절차 PLUS

✈ 출국 절차

1 카운터 확인

해당 공항에 최소한 2시간 전에 도착한다. 곧바로 운항정보 안내 모니터에서 본인이 탑승할 항공사의 수속 카운터를 확인한다.

2 탑승 수속

해당 항공사의 카운터에 여권과 전자항공권(또는 항공 예약번호)을 제시하고 짐을 부친다. 탑승권과 수하물 영수증을 받아 보딩패스에 적힌 게이트 번호와 탑승시간을 확인한다.

3 보안 검색

검색 요원의 안내에 따라 휴대한 가방과 소지품을 바구니에 담아 검색대 위에 올려놓는다. 외투나 모자도 벗어야 하며, 벨트와 신발을 벗는 경우도 있다.

4 출국 심사

출국 심사대 앞에서 기다리다가 차례가 되면 출국 심사를 받는다. 모자나 선글라스를 벗어야 하며, 여권과 탑승권을 제시한다. 별 문제 없다면 여권에 출국 스탬프를 받고 여권과 탑승권을 돌려받게 된다.

5 비행기 탑승

탑승권에 적혀 있는 게이트로 이동한다. 가는 길에 면세점 등 공항 시설을 이용할 수 있으며, 출발 시간 30~40분 전(보딩 타임 10분 전)에는 탑승 게이트에 도착해 있도록 하자.

🛬 입국 절차

1 입국장으로 이동

기내에서 빠뜨린 짐은 없는지 다시 한 번 확인한 뒤, 비행기를 나와서 'Arrival'이라고 적힌 표지판을 따라 이동하자.

2 입국 심사

입국심사대에 여권과 전자항공권 사본을 가지고 입국 심사대 'Foreigner' 앞에 줄을 선다. 모자와 선글라스는 착용하지 않는다. 왕복 항공권을 요청하면 전자항공권 사본을 보여준다.

3 수하물 찾기

입국심사대를 통과했다면 'Baggage Claim' 안내판을 따라 이동한다. 자신이 타고 온 항공사의 노선명이 나와 있는 곳에서 짐을 기다린 후 찾으면 된다.

4 세관 심사

신고할 물품이 없다면 'Nothing to Declare'라고 적힌 녹색 안내판이 있는 출구로 나간다. 신고할 사항이 있다면 빨간색 불이 켜진 'Goods to Declare' 출구로 가서 신고하고 세금을 지불한다.

5 환전 및 심카드 구입

공항 밖으로 나가는 길에는 은행과 환전소가 있고, 심카드를 판매하는 부스 등도 있으니 준비하지 않은 경우 이용하면 편리하다.

TIP. 인천국제공항 제2여객터미널이 새로 개장하면서 자신이 타는 비행기가 어느 터미널에서 출발하는지 반드시 미리 확인한다. 무료 셔틀버스로 터미널 사이를 오갈 수 있지만 이동하는 데 최소 20분 정도 소요된다. 대한항공, 델타항공, 에어프랑스, 케이엘엠(KLM) 항공사 등이 제2여객터미널을 이용한다.

공항에서 유용한 단어

Code share
코드 셰어

좌석 공유, 편명 공유를 뜻한다. 2개 이상의 항공사가 항공기 1대를 함께 이용하는 것으로, 공동 운항이라고도 부른다.

No show
노쇼

탑승시간에 탑승권 예매 고객이 나타나지 않는 것을 말한다. 비행기표 예약 시 '노쇼인 경우 환불 불가'라는 규정을 간혹 볼 수 있다.

Airline code
공항 코드

항공사를 표시하는 고유 코드. 대한항공은 KE, 아시아나항공은 OZ이다.

CIQ
씨아이큐

세관검사 Customs, 입국수속 Immigration, 검역 Quarantine의 약자로 출입국할 때 반드시 거쳐야 하는 3대 수속.

Local time
로컬 타임

항공기의 도착지의 현지 시간.

ATD(Actual time of departure)
에이티디

실제 항공기가 출발하는 시간.

ATA(Actual time of arrival)
에이티에이

실제 항공기가 도착하는 시간.

Infant fare
유아 운임

2세 미만의 유아 운임. 통상적으로 국제선에선 별도의 좌석을 차지하지 않으면 운임의 10%, 좌석을 차지하면 운임의 50%를 부담하는 식이다.

Open ticket
오픈 티켓

비행기 출발 날짜와 여행 구간만 정한 뒤 귀국 항공편은 정해진 기간 내에 아무 때나 탑승할 수 있는 티켓을 말한다. 단, 여행 일정이 정해졌다면 원하는 날짜의 좌석 상황 확인은 필수.

PSC(Passenger Service Charge)
피에스씨

공항 이용료. 공항세와 동일한 뜻으로 쓰인다. 출발 공항과 도착 공항 두 곳의 이용료를 모두 내야 한다. 보통은 항공권 요금에 포함되어 있지만 따로 지불하기도 한다.

Through boarding
쓰루 보딩

여러 경유지를 거치더라도 한 번에 최종 목적지까지 보딩을 마치는 것. 같은 항공사의 경우 통상적으로 가능하고, 다른 항공사를 이용하는 경우에는 짐을 찾아서 보딩 절차를 한 번 더 거쳐야 한다.

Tax refund
텍스 리펀

외국인이 여행지의 제품을 구입할 경우 세금을 공제해주는 제도. 구매한 매장에서 일정 금액이 넘을 경우 문서를 요청. 해당 국가 출국 시 공항 텍스 리펀 카운터나 지정된 장소에 가서 제시하면 세금을 돌려준다.

3 기내에서

기내에서 통하는 한마디

좌석 찾기

기내식 요청하기

기내 서비스 요청하기

기내 면세품 주문하기

기내 기기 · 시설 문의하기

PLUS 입국신고서 작성하기

PLUS 기내에서 유용한 단어

PLUS 기내 안내방송 듣기

좌석
찾기

비행기에 탑승하면 보통 승무원이 티켓을 확인하고 좌석을 안내해준다. 그런데도 좌석 위치가 헷갈린다면 내 자리가 어디인지 물어볼 것.

🔊 핵심 여행 단어

탑승권	boarding pass ★	창가 좌석	window seat
좌석	seat ★	비상구 좌석	exit seat
좌석 번호	seat number ★	일등석	first class
내 자리	my seat ★	비즈니스석	business class
통로 좌석	aisle seat	일반석	economy class

🎤 핵심 단어로 말하기

❶ 37B 좌석이 어디예요?

Where is the seat number 37B?

❷ 여기는 내 자리예요.

This is my seat.

❸ 자리 좀 바꿔주시겠어요?

Could I change seats with you?

❹ 제 가방을 어디에 넣어야 하나요?

Where can I put my bag?

🎧 핵심 단어로 대화하기

🗣 탑승권을 보여주시겠어요?

May I see your boarding pass, please?

👄 여기요. 내 자리 어디예요?

Here it is. Where is my seat?

🗣 손님 좌석은 68C입니다.

Your seat number is 68C.

오른쪽 통로 끝에 창가 자리입니다.

It's at the end on the right side, window seat.

👄 네, 감사합니다.

Thank you.

기내식
요청하기

🍴

장거리 비행 시 제공되는 기내식은 보통 두 가지 메뉴 중에 고를 수 있다. 승무원이 카트를 밀고 와 생선 요리와 소고기 요리 중 무엇을 원하는지 물으면, 간단히 원하는 메뉴 뒤에 'please'를 붙여 답해보자.

🔊 핵심 여행 단어

~주세요	~please ★	음료	drink	식사 시간	meal time
소고기	beef	주스	juice	트레이	tray table
닭고기	chicken	차	tea	특별식	special meal
생선	fish	커피	coffee	하나 더	one more ★
물	water	고추장	pepper paste		

🎤 핵심 단어로 말하기

❶ 소고기로 주세요.
Beef, please.

❷ 다른 메뉴도 있나요?
Do you have any other option?

❸ 하나 더 먹을 수 있나요?
Can I have one more?

❹ 식사 시간에 깨워주실래요?
Would you wake me up for meal time?

❺ 고추장 있나요?
Can I have hot pepper paste?

▶️ 핵심 단어로 대화하기

🎧 손님, 트레이를 내려주세요.
Please put your tray table down, sir.

소고기와 생선 요리 중 무엇을 드시겠어요?
Beef or fish?

👄 생선 요리 주세요.
Fish, please.

🎧 음료는 무엇으로 드릴까요?
Anything to drink?

👄 커피로 할게요.
Coffee, please.

기
내
에
서

긴 비행 중에는 편안한 잠자리를 위한 베개, 담요 등을 요청할 수 있다. 저가항공의 경우 따로 비용을 지불하는 경우도 있지만, 보통은 요청에 따라 서비스받을 수 있다.

◀) 핵심 여행 단어

베개	pillow	한국어 신문	Korean newspaper
담요	blanket	간식·과자	snack
냅킨	napkin	땅콩	peanut
수면 안대	sleeping mask	라면	ramen noodles
귀마개	earplug	콜라	Coke
구강세척제	mouthwash	사이다	Sprite
진통제	pain killer	맥주	beer
생리대	sanitary napkin	와인	wine

🎤 핵심 단어로 말하기

❶ 베개 좀 받을 수 있나요?
Could I have a pillow?

❷ 간식 좀 먹을 수 있나요?
May I have a snack, please?

❸ 와인 좀 마실 수 있나요?
I would like to have a glass of wine.

❹ 구강세척제 있나요?
Could I have mouthwash?

🎧 핵심 단어로 대화하기

👁 실례합니다. 간식 좀 먹을 수 있나요?
Excuse me, may I have a snack, please?

👂 네. 무엇을 드릴까요?
Yes, what would you like?

👁 땅콩과 커피 좀 부탁합니다.
Peanuts and coffee, please.

👂 네. 더 필요한 것 없나요?
Is there anything else?

👁 한국어 신문을 읽고 싶은데요.
Do you have any newspapers in Korean?

👂 네. 준비해드리겠습니다.
I'll get you one.

기내 면세품
주문하기

시간에 쫓겨 공항 면세점에 들리지 못했더라도 아쉬울 것 없다. 기내에 비치된 안내 브로셔를 보고 승무원에게 요청하면 면세품을 주문할 수 있다.

📢 핵심 여행 단어

면세	duty-free ★	담배	cigarette
이것	this one ★	한 보루	one carton
화장품	cosmetics	시계	watch
액세서리	accessories	원화	Korean currency
향수	perfume	현금	cash ★
위스키	whiskey	신용카드	credit card ★
초콜릿	chocolate	승무원	flight attendant

🎤 핵심 단어로 말하기

❶ 이걸로 하나 주세요.
I'll take this one.

❷ 원화로 지불해도 되나요?
Can I pay in Korean currency?

❸ 신용카드 되나요?
Do you take credit cards?

🎧 핵심 단어로 대화하기

👂 지금부터 면세품 판매를 시작하겠습니다.
We will now begin our duty-free service.

👄 여기, 이 담배주세요.
I'll take these cigarettes.

👂 몇 개나 원하시나요?
How many do you want to buy?

👄 2보루 주세요.
I'd like 2 cartons of cigarettes, please.

👂 준비해 드릴게요.
I'll get you one.

곧 면세품 판매를 마감합니다.
Our duty-free shop will be closing shortly.

필요한 분은 지금 승무원에게 말해주시길 바랍니다.
If you need any help please contact your flight attendant now.

비행기 앞좌석에 설치된 스크린을 조작하거나, 좌석 팔걸이에 부착된 각종 버튼이나 리모컨의 기능이 궁금할 때, 좌석을 눕히거나 좌석 벨트를 차고 뺄 때, 등을 켜고 끌 때 등 기내 기기·시설의 기능이 궁금할 때는 승무원에게 물어보자.

🔊 핵심 여행 단어

어떻게 ~하는지 (사용법)	how to ★	등	light
화면	screen	헤드폰	headphone
버튼	button ★	한국어 옵션	Korean ★
음량	volume	한국어 자막	Korean subtitle ★
높이다	turn up	작동하지 않다	not working ★
낮추다	turn down	앞으로	put in the upright position
켜다	turn on	뒤로	put back
끄다	turn off	벨트	seatbelt

🎤 핵심 단어로 말하기

❶ 이것을 어떻게 사용하는지 모르겠어요.
I don't know how to use it.

❷ 등을 어떻게 켜는지 모르겠어요.
I don't know how to turn on the light.

❸ 좌석을 좀 눕혀도 될까요?
Can I put my seat back?

❹ 헤드폰에서 소리가 나오지 않아요.
The sound doesn't come out of the headphones.

🎧 핵심 단어로 대화하기

◇ 헤드폰을 어떻게 연결하는지 모르겠어요.
I don't know how to connect these headphones.

👂 이쪽에 연결하면 됩니다.
You can connect it right here.

◇ 이 스크린이 작동하지 않는 것 같은데요.
It seems like the screen is not working.

👂 이 버튼을 누르시면 됩니다.
You can just push this button.

◇ 한국어 자막이 지원되는 영화를 보고 싶어요.
I'd like to watch a movie with Korean subtitles.

👂 죄송합니다. 저희 항공사에선 한국어 자막이 지원되지 않아요.
Sorry. We don't provide movies with Korean subtitles.

입국신고서 작성하기 PLUS

LANDING CARD
입국신고서

1 Family / Last Name / Surname 성 **PARK**

2 First Name / Given name(s) 이름 **JUNG WON**

3 Sex 성별 **M** 남성은 M(Male), 여성은 F(female)이라고 적는다.

4 Date of Birth
생년월일 **DD 05**(일), **MM 07**(월), **YYY 1970**(년) 일, 월, 년 순으로 기입한다.

5 Nationality 국적
REPUBLIC OF KOREA

6 Home Address 국내 주소
SEOUL, REPUBLIC OF KOREA
아파트 동호수 → 번지 → 도로명 → 구 → 도시 → 국가 순서로 기재한다.

7 Flight No. 항공편명 **KE0011** 탑승권에 기재되어 있다. 찾기 어렵다면 승무원에게 묻자.

8 Occupation 직업 **English Teacher**

9 Contact address 체류지 주소
VITORIA HOTEL, NEWYORK 호텔이나 호스텔 이름과 도시
Contact No. 연락처 **000-1234-5678**

10 Email
이메일 주소
@****.***

11 Passport No 여권 번호
123-45678-0000 여권에 기재된 번호를 옮긴다

12 Length of Stay 체류 기간 **5 days**
일주일이면 1 week, 한 달이면 1 month,
1년이면 1 year

13 Country of first departure
출발 국가
REPUBLIC OF KOREA

14 Purpose of Visit 방문 목적
관광 **Leisure/Tourism**

15 Signature of traveler/Passenger
사인

기내에서 유용한 단어 PLUS

Occupied
사용 중

기내 화장실이 사용 중일 때 문 앞에 표시되는 단어. 반대로 비어있을 땐 vacant로 표시된다.

Lavatory
화장실

비행기 화장실은 toilet보다 lavatory라는 단어를 더 많이 쓴다.

Attendant call
승무원 콜 버튼

큰 소리로 부르기 전에 승무원 콜 버튼을 누르면 된다.

First aid kit
구급약 상자

기내에는 의약품이 담긴 구급약 상자가 비치돼 있다.

Overhead bin
오버헤드 빈

비행기 좌석 위에 짐 넣는 곳.

Emergency exit
비상구

비상 상황을 emergency, 응급 환자는 emergency case라 한다.

기내 안내방송 듣기

출발
안내방송

Good morning(afternoon, evening), ladies and gentlemen. On behalf of Captain ○○○ and the entire crew, welcome aboard Korean Air flight ○○○bound for ○○○. It is a pleasure to have you with us. Our flight time to ○○○ will be ○○○ minutes after take-off. Please make sure that your seat belt is securely fastened and refrain from smoking during the entire flight. Also, the use of portable electronic devices is not allowed during take off and landing. If there is anything we can do to make your flight more comfortable, our cabin attendants are happy to assist you. Please enjoy the flight. Thank you.

여러분 안녕하세요. ○○○까지 가는 대한항공 ○○○편에 탑승하신 것을 ○○ ○기장과 승무원 모두가 환영합니다. 함께하게 되어 기쁩니다. 목적지인 ○○○ 공항까지의 비행시간은 이륙 후 ○○시간으로 예정하고 있습니다. 손님 여러분, 좌석벨트를 매셨는지 다시 한 번 확인해주시고, 화장실을 비롯한 모든 곳에서 담배를 삼가시기 바랍니다. 또한 비행기가 뜨고 내릴 때는 안전운항에 영향을 주는 전자기기의 사용을 금지하고 있습니다. 특히 휴대폰의 전원을 꺼두시는 것을 잊지 마시기 바랍니다. 대한항공과 함께 하는 이 시간이 소중하게 기억될 수 있도록 최선을 다하겠습니다. ○○○까지 편안한 여행하시기 바랍니다. 감사합니다.

Good morning ladies and gentlemen, welcome aboard. Thank you for choosing Korean Air. For your comfort and safety, all heavy or fragile items must be placed under the seat in front of you. Also, cellular phones, CD players, and FM radios may not be used at any time and must be turned off in the cabin. Thank you for your cooperation.

여러분 안녕하십니까. 탑승을 환영합니다. 항상 저희 대한항공을 선택한 여러분께 감사드립니다. 수하물 보관 방법과 전자 기기 사용 금지에 관해 안내 말씀 드리겠습니다. 안전하고 쾌적한 비행을 위해 무거운 짐이나 깨지기 쉬운 물건은 반드시 앞좌석 밑에 두시고, 또한 기내에서는 비행기 통신과 항법 장비에 영향을 미치는 휴대폰, CD플레이어, FM 라디오 사용이 금지되어 있습니다. 특히 휴대폰을 가지고 계신 손님께서는 안전운항을 위해 전원을 꺼주시기 바랍니다. 여러분의 협조에 감사드립니다.

도착
안내방송

Ladies and gentlemen. Welcome to ○ ○ ○.
For your safety, please remain seated until the captain has turned off the seat belt sign. Before leaving the aircraft, please check to make sure that you have not left any items behind. Thank you for flying Korean Air, and we wish you a pleasant stay here in ○ ○ ○.

여러분 ○ ○ ○에 오신 것을 환영합니다. 여러분의 안전을 위해 비행기가 완전히 멈춘 후, 좌석벨트 사인이 꺼질 때까지 잠시만 자리에서 기다려 주시기 바랍니다. 선반을 열 때는 안에 있는 물건이 떨어지지 않도록 조심해주시고 잊은 물건이 없는지 다시 한 번 살펴주십시오. 언제나 대한항공을 사랑해주셔서 고맙습니다. 여러분이 편안하고 쾌적하게 이곳에 머물기를 바랍니다.

4 교통수단

교통수단 이용할 때 통하는 한마디

교통권 구매하기

버스 타고 내리기

전철 · 기차 타고 내리기

택시 타고 내리기

렌터카 빌리기

주유 · 주차하기

도보로 길 찾기

교통편 놓쳤을 때

PLUS 운전 시 유용한 단어

PLUS 해외 주유소 사용 설명서

교통수단 이용할 때 통하는 한마디

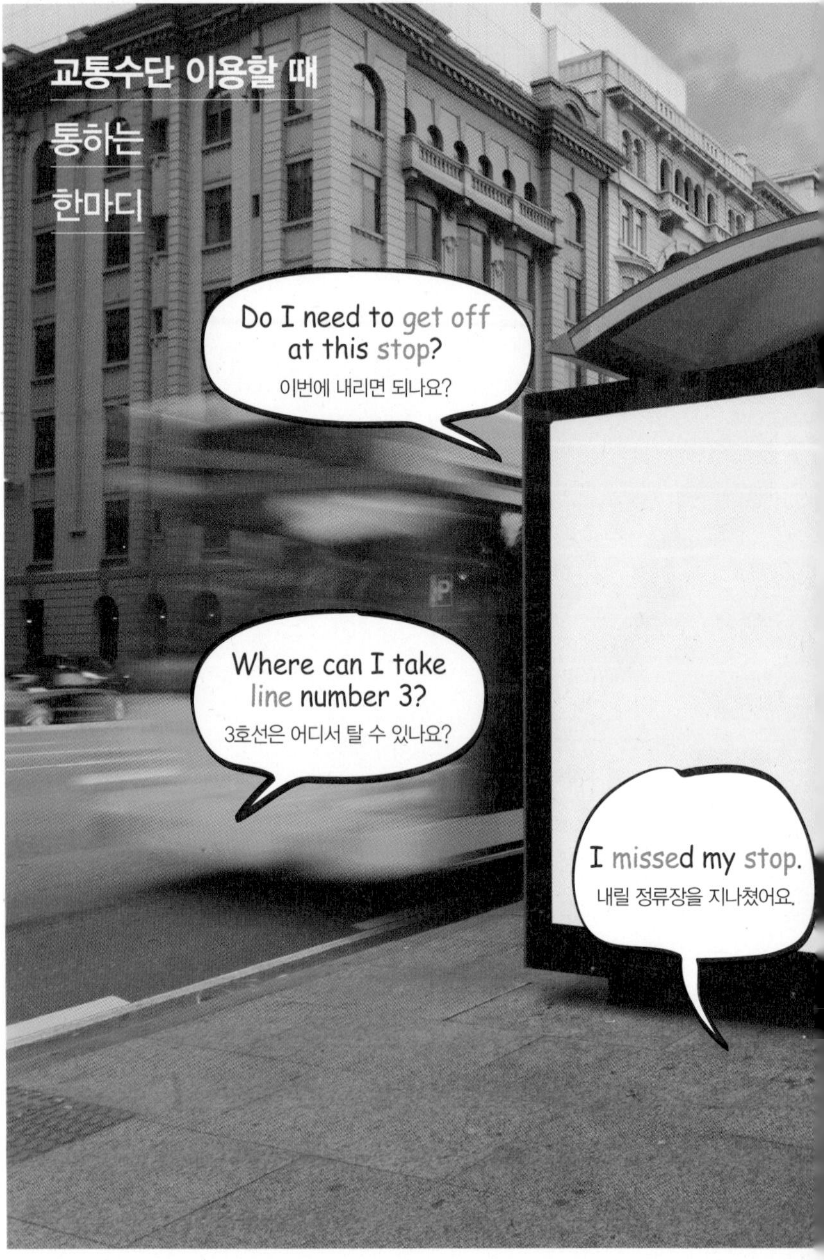

교통권
구매하기

버스와 기차 중에 여행 계획에 맞는 교통수단을 정하고 1일 교통권, 왕복권 등 티켓 종류를 선택해 매표소에서 표를 구매하자. 특히 물가 비싼 나라에선 교통비 절감이 필수이니 쿠폰이나 할인제도를 십분 활용할 것.

◀》 핵심 여행 단어

표	ticket ★	마지막차	last bus(train)
버스표	bus ticket	입석	standing
기차표	train ticket	침대칸	sleeping car
편도	one way ★	노선도	route map ★
왕복	round trip ★	시간표	timetable ★
매표소	ticket office ★	충전하다	recharge ★
1일 교통권	a (one) day pass ★	성인	adult ★
첫차	first bus(train)	아이	kid ★

🎙 핵심 단어로 말하기

❶ 왕복 표 한 장 주세요.
One round trip ticket, please.

❷ 매표소가 어디죠?
Where is the ticket office?

❸ 1일 교통권 사고 싶어요.
I'd like to get a one day pass.

❹ 어른 버스표는 얼마예요?
How much for an adult bus ticket?

❺ 교통카드를 충전해주세요.
Please recharge my card.

🎧 핵심 단어로 대화하기

◇ 시청까지 가는 표를 사려고 합니다.
I'd like to get a ticket to City Hall.

🎙 왕복, 편도 표 중에 무엇으로 하시겠어요?
One way, or round trip?

◇ 편도 어른 표 한 장 주세요.
A one way ticket for an adult, please.

🎙 여기 있습니다. 막차 시간이 얼마 남지 않았어요.
Here it is. It's almost time for the last train.
서둘러야겠어요.
You'd better hurry.

◇ 네. 시간표와 노선도를 받을 수 있나요?
Can I have a timetable and a route map?

🎙 여기 있습니다.
Here you are.

83

버스 타고
내리기

버스 노선망이 체계적으로 발달한 유럽의 경우, 버스로 국경을 넘어 여러 국가를 여행하는 것이 큰 매력이다. 하지만 어느 나라를 여행하건 이용자의 바람은 무사히 탑승해 목적지에 정확히 내리는 것!

🔊 핵심 여행 단어

정류장	stop ★	환승	transfer ★
내릴 정류장	my stop ★	매표소	ticket office ★
다음 정류장	next stop	시내행	for downtown
타다	get on ★	(버스를)잘못 타다	on the wrong bus
내리다	get off ★	다음 버스	next bus
놓치다	miss ★	막차	last bus

🎙️ 핵심 단어로 말하기

❶ 매표소가 어디예요?
Where is the ticket office?

❷ 가장 가까운 버스 정류장이 어디예요?
Where is the nearest bus stop?

❸ 이번에 내리면 되나요?
Do I need to get off at this stop?

❹ 내릴 정류장을 지나쳤어요.
I missed my stop.

❺ 다음 버스는 언제 있나요?
When is the next bus?

❻ 막차가 몇 시에 있나요?
What time is the last bus?

🎧 핵심 단어로 대화하기

◇ 어느 정류장에서 내려야 하죠?
At which stop should I get off?

👆 5번가 정류장에서 내리면 됩니다.
You should get off at the 5th Ave. stop.

◇ 그 정류장에서 다시 한 번 알려줄 수 있나요?
Please let me know when we are at my stop.

👆 네. 그럴게요.
No problem.

전철·기차
타고 내리기

노선 따라 명소들이 많은 전철과 비교적 장거리 이동에 목적을 둔 기차. 야간열차 침대칸을 이용하면 숙박비 절감은 덤이다. 객차 안이 복잡하다면 무엇보다 가방을 앞으로 메고, 중요한 소지품은 복대에 넣거나 옷핀 등으로 고정하는 게 안전하다.

◀》 핵심 여행 단어

전철역	subway station ★	식당칸	dining car
기차역	train station ★	침대칸	sleeping car
환승	transfer ★	직행	direct ★
노선	line ★	정차	layover ★
매표소	ticket office ★	다음 역	next station
출발시간	departure time	내리다	get off ★
도착시간	arrival time	환승하다	transfer

🎤 핵심 단어로 말하기

❶ 여기서 가장 가까운 전철역이 어디예요?
Where is the nearest subway station?

❷ 3호선은 어디서 탈 수 있나요?
Where can I take line number 3?

❸ 어디서 환승해야 하나요?
Where can I transfer?

❹ 이번 역에 내리는 것 맞나요?
Is this where I should get off?

❺ 내려야 할 전철역을 지나친 것 같아요.
I think I missed my subway station.

🎧 핵심 단어로 대화하기

👁 시카고행 기차 여기서 타나요?
Is this for Chicago?

👂 네, 맞습니다.
Yes, it is.

👁 시카고까지 얼마나 걸려요?
How long does it take to get to Chicago?

👂 2시간쯤 걸려요.
It takes about 2 hours.

👁 고맙습니다. 도착시간이 7시쯤 되겠네요.
Thank you. Arrival time will be around 7.

택시
타고 내리기

표를 구매하고 정류장 찾는 과정을 과감히 생략! 지금 이곳이 어디고, 내릴 역은 또 어디인지 살필 필요 없이 목적지 주소만 알면 스피드하게 출발! 그 과정을 효율적으로 안내하는 심플한 표현들.

🔊 핵심 여행 단어

이 주소	this address ★	잔돈	small change
내리다	get off ★	여기	here ★
기본요금	basic rate	저기	there ★
택시	taxi ★	더 빨리	faster
콜택시	cab ★	천천히	slow
트렁크	trunk	에어컨	air conditioner
열다	open ★	히터	heater

🎤 핵심 단어로 말하기

① 이 주소로 가주세요.
Please go to this address.

② 여기서 내릴게요.
Let me get off here.

③ 트렁크 열어주세요.
Open the trunk, please.

④ 콜택시를 부르려고 해요.
I'm calling a cab.

⑤ 잔돈은 됐어요.
Keep the change.

🎧 핵심 단어로 대화하기

🗣️ 손님, 어디로 모실까요?
Where are you going, sir?

👁️ 이 주소로 가주세요.
Please go to this address.
기본요금이 얼마죠?
What is the basic rate?

🗣️ 3유로예요.
It's 3 euros.

👁️ 여기서 내릴게요.
Let me get off here.

🗣️ 네. 손님.
Yes, I do.

👁️ 트렁크 열어주세요.
Open the trunk, please.

89

렌터카
빌리기

해외에서 자동차 여행은 여러모로 용기가 필요하지만, 역시 기동성은 최고다. 내가 가고 싶은 곳을 골라 마음껏 갈 수 있는 자유! 일단 원하는 옵션의 차를 빌리는 것부터 시작한다.

◀》 핵심 여행 단어

~로 할게요	I'll take	대여 요금	rental fare
일일 대여료	daily rate	보증금	deposit
렌터카	rental car	주행거리	mileage
소형차	compact car	운전경력	driving record
중형차	mid-size car	국제운전면허증	international driver's license
오토매틱 차	automatic car		
수동 차	manual car	4인승	four-seater
대여 날	pick up date	오픈카	convertible
반납 날	return date	유아용 카시트	car seat

🎤 핵심 단어로 말하기

❶ 이 차로 할게요.
I'll take this car.

❷ 일일 대여료가 얼마예요?
What's the daily rate?

❸ 보험을 들고 싶어요.
Please include insurance.

❹ 유아용 카시트를 빌리고 싶어요.
I'd like to rent a car seat.

❺ 사고 발생 시 어디로 연락하면 되나요?
What's the contact number in case of an accident?

❻ 보험에서 사고나 부상도 보장하나요?
Does the insurance cover accident and injury?

🎧 핵심 단어로 대화하기

🗣 무엇을 도와드릴까요?
May I help you?

🗣 4인용 차를 빌리고 싶은데요.
I'd like to rent a four-seater car.

🗣 이 제품은 일일 대여료가 합리적입니다.
The daily rate is reasonable for this car.

🗣 보험료가 포함된 가격인가요?
Does the price include an insurance?

🗣 네. 그렇습니다.
Yes, it does.

🗣 이 차로 할게요.
I'll take this car.

주유·주차 하기

주유할 땐 휘발유를 얼마나 넣을지, 주차할 땐 이곳에 주차하면 되는지, 또 주차 요금이 얼마인지 물으면 된다. 셀프주유소의 경우 나라별로 다를 수 있지만, 대부분의 경우 99p를 참고하여 순서대로 따라 하면 무리 없을 것.

◀》 핵심 여행 단어

주유소	gas station	주차장	parking lot
휘발유	gasoline	유료 주차	pay parking
경유	diesel	무료 주차	free parking
주차	parking	채우다	fill up

① 기름 가득 넣어주세요.
Fill it up, please.

② 이 주유기를 어떻게 사용하면 되나요?
How can I use this gas pump?

③ 다음 주유소는 어디 있나요?
Where's the next gas station?

④ 어디에 주차해야 하죠?
Where should I park my car?

⑤ 이곳의 주차 요금은 얼마인가요?
How much do you charge to park here?

교통수단

기름 얼마나 넣을까요?
How much gas would you like?

휘발유 50달러어치 넣을게요.
50 dollars worth of regular, please.

네. 넣어드렸습니다.
Here you go.

근처에 주차장 있나요?
Is there a parking lot near here?

네. 바로 옆에 무료 주차장이 있어요.
Yes, you can find free parking lot next to this building.

도보로
길 찾기

요즘 구글맵을 활용하면 해외 어디라도 못 갈 데가 없지만, 사용법이 익숙하지 않거나 맵에 표시되지 않은 곳을 찾아갈 때는 불안하다. 길 찾느라 휴대전화 배터리도 방전, 체력도 방전되기 전에 속 시원히 물어보자.

◀)) 핵심 여행 단어

길을 잃은	lost ★	사거리	crossroad = intersection
멀리	far ★	반대편	opposite
가까운	near ★	블록	block
걷다	walk = on foot ★	직진	go straight ★
오른쪽	right ★	코너	corner
왼쪽	left ★	~지나서	beyond
이쪽	this way	저기, 저쪽	over there ★
반대쪽	the other way		

🎤 핵심 단어로 말하기

❶ 길을 잃었어요.
I'm lost.

❷ 지금 여기가 어디예요?
Where am I?

❸ 광장까지 어떻게 갈 수 있나요?
How can I get to the square?

❹ 거기까지 걸어갈 수 있나요?
Can I go there on foot?

❺ 여기서 가깝나요?
Is it near here?

❻ 이쪽길이 맞나요?
Is this the right direction?

❼ 길 좀 알려줄 수 있어요?
Can you show me the way?

▶️ 핵심 단어로 대화하기

💬 실례합니다. 쇼핑몰이 여기서 먼가요?
Excuse me. Is the shopping mall far from here?

🎧 5분만 걸어가면 돼요.
It only takes 5 minutes on foot.

이 길로 쭉 직진하다가 시장에서 좌회전하세요.
Go straight along this street, then turn left at the market.

교통편을 놓치면 일정 수수료를 부과하거나 경우에 따라 수수료를 내지 않고도 다음 교통편으로
재발권할 수 있다. 프로모션 할인 항공권은 변경, 취소 불가능한 경우도 있으니 해당 항공사 카운
터에 문의할 것.

🔊 핵심 여행 단어

놓치다	miss ★	수수료	fee
비행기	flight ★	항공사	airline
기차	train	여행사	travel agency
버스	bus	연락처	contact number
늦은	late	기다리다	wait ★
시간표	timetable	환불	refund ★

🎙 핵심 단어로 말하기

❶ 비행기를 놓쳤어요.
   I missed my flight.

❷ 다음 비행기 탑승할 수 있나요?
   Can I take the next flight?

❸ 다음 출발이 언제죠?
   When is the next flight?

❹ 수수료가 얼마죠?
   How much is the fee?

🎧 핵심 단어로 대화하기

👄 비행기를 놓쳤어요.
   I missed my flight.

   다음 비행기 편 좌석 있나요?
   Do you have a seat on the next flight?

👂 네. 오후 4시 비행기 좌석 있습니다.
   Yes, we have a seat for the flight at 4 p.m.

👄 그 비행기표 발권할 수 있나요?
   Can I get a ticket for that flight?

👂 수수료 없이 발권 가능합니다.
   You can get the ticket without any additional fee.

👄 네. 감사합니다.
   Thank you.

교차로	추월 금지	일방통행	동승자
intersection	no passing	one way	passenger
보험	주차위반	주차금지	주차요금
insurance	parking violation	no parking	parking fee
안전벨트	범칙금	시동	엔진
seat belt	fine = penalty	start	engine
타이어	견인차	차선	지도
tire	tow truck	lane	map
견인	휘발유	주유소	사고
tow-away	gasoline	gas station	accident
어린이 보호구역	신호등	배터리	고속도로
school zone	traffic light	battery	highway
양보	지하도	휴게소	우회로
yield	underpass	rest area	detour

1. 어떤 기름을 넣어야 할까? 휘발유 등급 표시

흔히 휘발유는 gasoline을 줄여 'gas'라고 많이 부른다. 미국의 경우 등급을 Regular, Super, Premium 등으로 표기하고, 유럽에서는 Super, Super E10 등으로 표기해 가격표를 붙여 놓는다. 미국에서는 Regular를 택하고, 유럽에서는 super를 택해 주유하는 게 가장 일반적.

2. 누구에게 말해야 하지? 주유소 유형

해외 주유소 유형은 크게 세 가지. 첫째, 직원이 상주하지 않고 주유기나 정산기를 직접 이용하는 무인 셀프 주유소, 둘째, 주유는 셀프로 하지만 안쪽 카운터에 직원이 상주해 정산해주는 유인 셀프 주유소, 셋째, 우리나라 주유소처럼 직원이 주유도 하고 계산도 해주는 주유소로 구분할 수 있다. 미국과 유럽국 대부분이 셀프 주유소가 많은 편이지만 이탈리아는 유독 유인 주유소가 많은 편이다.

3. 어떻게 넣는 거야? 주유 순서

주유 순서는 나라마다, 또 주유소마다 다를 수 있지만 셀프로 주유할 때는 대체로 다음 순서를 따른다. ❶ 주유 정산 기계에 카드를 넣고 → ❷ 주유구를 연다. → ❸ 기름 종류를 선택한 후 → ❹ 주유기를 들어 주유한대(주유기를 들고 나서 레버를 올려야 주유가 시작되는 곳도 있으니 체크하자). → ❺ 주유가 완료되면 '팅' 소리가 나며 계산이 완료되고 영수증을 처리한다.

5 숙소에서

숙소에서 통하는 한마디

객실 예약하기

숙소 체크인하기

숙소 체크아웃하기

부대시설 이용하기

숙소 서비스 요청하기

객실 비품 요청하기

불편사항 말하기

PLUS 호텔에서 유용한 단어

PLUS 호텔 서비스 이용법

온라인 사이트나 앱 등에서 가격을 비교하면 편리하게 숙소를 예약할 수 있지만, 현지에서 급작스럽게 일정이 변경된다면 묵을 방이 있는지 직접 물어야 한다. 원하는 객실 타입에 따른 적절한 표현으로 편안한 밤을 예약하자.

🔊 **핵심 여행 단어**

TIP. 싱글베드룸은 1인용 침대, 더블베드룸은 2인용 침대, 트윈베드룸은 1인용 침대 두 개가 놓인다. 기본적으로 세팅된 객실에 필요에 따라 침대 추가 'extra bed'를 할 수 있다.

숙소	accommodation	트윈베드	twin bed
방·객실	room ★	침대 추가	extra bed
예약	reservation ★	숙박비	room rate
1박	per night ★	보증금	deposit
조식 포함	breakfast included ★	욕조가 있는	with a bath
1인실	single room	인터넷이 되는	with internet
2인실	double room	전망이 좋은	a nice view
더블베드	double bed	만실	all booked ★

🎤 핵심 단어로 말하기

❶ 방 있나요?

Do you have any rooms?

❷ 2인실 하룻밤 얼마인가요?

How much is a double room per night?

❸ 내일 1인실 예약하고 싶어요.

I'd like to reserve a single room for tomorrow night.

❹ 조식 포함인가요?

Is breakfast included?

❺ 객실에 침대 하나 추가해주세요.

Put an extra bed in the room, please.

🎧 핵심 단어로 대화하기

◇ 오늘 밤에 방 있나요?

Do you have any rooms tonight?

👂 예약이 다 찼어요.

The rooms are all booked.

내일 이후에 빈방이 있습니다.

They will be available tomorrow.

◇ 그럼 내일부터 1인실 예약할게요.

I'd like to make a reservation for a single room.

👂 며칠 투숙하실 예정이죠?

How many days will you stay?

◇ 2박 할게요. 욕실 있는 방으로 부탁합니다.

For two nights. Please get me a room with a bath.

👂 네. 예약 완료되었습니다.

Yes, your reservation has been made.

105

숙소 체크인하기

호텔 체크인 시간은 일반적으로 오후 1~3시. 경우에 따라 1시간 정도 빠르거나 늦을 수 있다. 체크인 시 여권과 바우처 등을 제시하거나 규정에 따라 보증금을 요구하는 경우도 있는데, 혹시 모를 객실 내 물품의 파손, 도난에 대한 대비책이므로 별일 없으면 돌려준다.

🔊 **핵심 여행 단어**

TIP. 객실 번호는 숫자 하나씩 따로 읽으면 된다. 703호 객실은 'room number seven, o, three'로 읽으면 OK!

예약	reservation ★	객실 키	room key
체크인	check in ★	객실료	room rate
이른 체크인	early check in	객실 번호	room number ★
층	floor	바우처(예약확인증)	voucher
보증금	deposit	프런트	front desk

🎤 핵심 단어로 말하기

❶ 체크인 시간이 몇 시죠?
What time is check-in?

❷ 체크인하고 싶어요.
I'd like to check in.

❸ 좀 이른 체크인 가능한가요?
Is it possible to have early check in?

❹ '박정원' 이름으로 예약했어요.
I made a reservation under the name of Park.

❺ 객실 요금은 이미 지불했어요.
I already paid for it.

🎧 핵심 단어로 대화하기

◇ 조금 일찍 체크인할 수 있나요?
Do you allow early check in?

👂 네, 가능합니다. 예약하셨나요?
Yes, do you have a reservation?

◇ 네. 온라인으로 예약했습니다.
Yes. I made a reservation online.

👂 이름이 뭐죠?
What's your name?

◇ 제 이름은 박정원이고, 여기 바우처 있습니다.
My name is Park, and here is the voucher.

👂 네. 확인했고요. 703호에 묵으시면 됩니다.
Thank you sir. Your room number is 703.

◇ 703호 객실은 몇 층에 있나요?
What floor is a room 703 on?

👂 7층에 있습니다.
It's on the seventh floor.

숙소
체크아웃하기

일반적인 호텔의 체크아웃 시간은 11~12시. 미리 객실을 비우는 게 예의지만 사정상 늦은 체크아웃을 해야 한다면 미리 문의하자. 보통은 늦은 체크아웃에 따른 요금을 부과하지만, 무료로 서비스하는 경우도 있다.

🔊 **핵심 여행 단어**

체크아웃	check out ★	룸서비스	room service
늦은 체크아웃	late check out	객실료	room rate
보관하다	keep ★	하룻밤 더	one more night

❶ 체크아웃할게요.
I'd like to check out.

❷ 체크아웃이 몇 시죠?
What time is check out?

❸ 좀 늦게 체크아웃하면 얼마죠?
How much is the room rate if I check out late?

❹ 제 짐 좀 보관해줄 수 있나요?
Could you keep my luggage?

❺ 하루 더 묵고 싶은데요.
I'd like to stay one more night.

핵심 단어로 대화하기

703호입니다. 체크아웃하고 싶어요.
It's room number 703. I'd like to check out.

네. 총 이용 요금은 520달러입니다.
It comes to 520 dollars.

네. 여기 있습니다.
Yes, here it is.

제 짐 좀 보관해줄 수 있나요?
Could you keep my luggage?

물론이죠.
Sure.

부대시설 이용하기

조식을 제공하는 레스토랑은 기본! 수영장, 헬스장, 세탁실, 키즈클럽 등 숙소 내 부대시설을 활용하기 위해 위치나 이용법을 묻는 표현 정도는 익혀두자.

🔊 **핵심 여행 단어**

부대시설	facilities	세탁실	laundry
조식	breakfast ★	아이돌보미 서비스	day care service
레스토랑	restaurant	투숙객 할인	discount for guests
수영장	swimming pool	지하	basement
헬스장	gym	물놀이 도구	swimming supplies

핵심 단어로 말하기

① 조식은 어디서 먹을 수 있죠?
Where do you serve breakfast?

② 저녁 식사는 몇 시부터 가능한가요?
From what time do you serve dinner?

③ 수영장이 어디에 있나요?
Where is the swimming pool?

④ 물놀이 도구를 빌릴 수 있나요?
Can I borrow some swimming supplies?

⑤ 세탁실 24시간 여나요?
Is laundry service available 24 hours a day?

숙소에서

핵심 단어로 대화하기

호텔 부대시설에 대해 간단히 말씀드릴게요.
Let me tell you about the hotel facilities.

지하 1층 레스토랑에서 아침 식사가 가능해요.
Breakfast is served at the restaurant in the basement level 1.

오전 7시부터 아침 식사할 수 있고요.
Breakfast starts at 7.

수영장은 지하 1층에, 헬스장과 세탁실은 2층에 있습니다.
The swimming pool is in the basement.
Gym and laundry facilities are on the second floor.

헬스장 이용 요금은 얼마인가요?
How much do you charge for the gym?

투숙객 할인받아서 10달러입니다.
It's 10 dollars with a discount for guests.

숙소 서비스
요청하기

모닝콜, 객실 청소, 셔틀버스 등을 비롯해 투숙객이 필요로 하는 모든 것을 서비스하는 '컨시어지' 까지 숙소에서 제공하는 서비스가 날로 진화 중이다. 숙소 서비스를 요청하는 심플한 표현들.

TIP. 컨시어지 서비스는 호텔 투숙객이 원하는 모든 서비스를 제공하는 것을 말한다. 짐 들어주기, 신문 제공부터 관광 정보 수집, 항공권 · 렌터카 예약, 기념품 구매에 이르기까지 직접 서비스한다. 5성급 호텔에서는 대부분 이 컨시어지 서비스를 제공한다.

🔊 **핵심 여행 단어**

컨시어지	concierge	와이파이 비밀번호	wifi password ★
셔틀버스	shuttle bus	방 청소	house keeping = clean
택시	taxi		
짐	luggage ★	사용 가능한	available
모닝콜	wake-up call	로비	lobby

🎤 핵심 단어로 말하기

❶ 택시 좀 불러줄 수 있나요?
Could you call me a taxi?

❷ 공항까지 셔틀버스 운행하나요?
Do you have a shuttle bus to the airport?

❸ 짐 좀 보관할 수 있나요?
Can you keep my luggage?

❹ 아침 6시에 모닝콜이 필요해요.
I need a wake-up call at 6 a.m.

❺ 와이파이 비밀번호가 뭐죠?
What is the wifi password?

❻ 방 청소가 안 돼 있어요.
The room is not clean.

❼ 음식값은 제 방으로 달아주세요.
Please charge the restaurant bill to the room.

▶️ 핵심 단어로 대화하기

◁ 호텔 내에서 와이파이 사용 가능한가요?
Is the wifi only availabe inside the hotel?

◉ 네. 1층 로비에서만 가능합니다.
Yes, it's only available in the lobby on the first floor.

◁ 와이파이 비밀번호가 뭐죠?
What is the wifi password?

◉ 비밀번호는 abc12345입니다.
The password is abc12345.

객실 비품
요청하기

객실에 비치된 세면도구, 샤워용품 등의 비품을 어메니티 'amenity'라고 한다. 기본적으로는 매일 새것으로 교체해두지만, 혹시나 더 필요하게 되면 이렇게 요청하자.

🔊 **핵심 여행 단어**

TIP. 일반적으로 호텔 객실 내 무료로 사용 가능한 물품에 'complimentary'를 붙여 놓는다. 이 단어를 몰라 호텔 비품을 사용하지 못했다면 꽤나 억울할 것.

무료	complimentary ★	면도기	razor	베개	pillow
더 필요하다	need more ★	휴지	tissue	침대'시트	bed sheet
객실 비품	amenity	칫솔	toothbrush	이불	blanket
세면도구	toiletry	샴푸	shampoo	새것	new one ★
수건	towel	바디 샴푸	body gel	쏟다	spilt
비누	soap	헤어드라이어	hair dryer	교체하다	replace ★

🎤 핵심 단어로 말하기

❶ 객실 비품은 무료인가요?
Are these amenities complimentary?

❷ 목욕 타올이 더 필요해요.
I need more bath towels.

❸ 비누 좀 받을 수 있나요?
Can you give me a bar of soap?

❹ 면도기가 필요해요.
I need a razor.

❺ 휴지가 다 떨어졌어요.
We are out of toilet paper.

🎧 핵심 단어로 대화하기

🙆 무엇을 도와드릴까요?
May I help you?

🗣 침대 시트에 커피를 쏟았어요.
I spilt coffee on the bed sheet.
바로 새것으로 교체할 수 있나요?
Can you replace it with a new one now?

🙆 네. 바로 교체해드리겠습니다.
Yes, we'll replace it with a new one right now.

🗣 그리고 칫솔과 비누 하나 더 필요해요.
And I need one more toothbrush and a bar of soap.

🙆 네, 갖다 드릴게요.
Yes, I'll bring them up to you.

영어로 따지기 어려워 불편함을 그냥 지나쳤다고? not working과 trouble, 두 단어를 활용해 불편사항 숙소에 전달하기.

◀》 핵심 여행 단어

고장 나다	not work = broken ★	시끄럽다	noisy
문제	trouble ★	난방	heating
따뜻한 물	hot water	춥다	cold
방을 바꾸다	change rooms	덥다	hot

❶ 샤워기가 고장이에요.
The shower doesn't work.

❷ TV가 왜 작동하지 않죠?
Why doesn't the television work well?

❸ 따뜻한 물이 안 나와요.
There is no hot water.

❹ 다른 방으로 옮기고 싶어요.
I'd like to change my room.

❺ 변기가 막혔어요.
The toilet is clogged.

숙소에서

핵심 단어로 대화하기

방에 문제가 있어요.
I'm having some trouble with the room.

어떤 문제죠?
What kind of problem?

에어컨이 고장 나서 너무 더워요.
The air conditioner has broken and it's so hot.

옆방도 너무 시끄럽고요.
It is too noisy next door.

일단 방을 바꿔드리겠습니다.
Firstly, We'll change your room.

그렇게 해주시면 감사하죠.
Thanks, that would be great.

호텔에서 유용한 단어 PLUS

Voucher
바우처

호텔 체크인 시 예약 확인이 가능한 호텔 숙박권.

Day use
데이 유스

체크아웃 후 개인적인 사정으로 일정시간 호텔을 이용하는 것. 우리나라의 대실과 비슷한 개념이다.

Invoice
인보이스

호텔 객실 및 서비스 이용에 관한 명세서.

No show
노쇼

예약 취소를 호텔에 알리지 않고 예약날 호텔 투숙을 하지 않은 경우. 이때 노쇼 차지가 발생한다.

Deposit
디파짓

체크인 시 호텔에서 받는 보증금. 신용카드나 현금을 보관하다가 체크아웃 시 돌려준다.

Baggage tag
베기지 택

체크인 전이나 체크아웃 후, 호텔에 짐을 맡겼을 때 주는 표. 짐을 찾을 때 제시해야 한다.

Full board
풀 보드

호텔에 투숙하는 내내 식사를 제공하는 것.

Turn down
턴 다운

취침 전 객실을 한 번 더 청소해주는 서비스.

Half board
하프 보드

호텔에서 조식 외에 한 끼의 식사를 더 제공하는 것. 일반적으로 디너를 추가한다.

All inclusive
올 인클루시브

호텔 내에 있는 식당 및 부대시설을 추가 비용 없이 이용할 수 있는 패키지.

호텔 서비스 이용법 PLUS

Do not disturb
두 낫 디스텁

객실을 청소하거나 정리하지 말아달라는 요청. 'Do not disturb'이 적힌 카드를 바깥쪽 문고리에 걸어두면 된다. 늦은 시간까지 잠을 자거나 휴식을 취할 때 사용하면 된다.

Wake up call
모닝콜

중요한 아침 일정이 있을 때 모닝콜을 요청해두면 편리하다. "Please wake me up at seven o'clock tomorrow morning."이라고 말해두면 된다. 일어날 시간과 객실 번호를 메모해 프런트에 주어도 괜찮다.

Make up
메이크업

우선 청소해달라는 요청이다. 보통 호텔에 비치된 카드 한쪽에는 'Make up'이, 반대쪽에는 'Do not disturb'이 적혀있어 상황에 따른 서비스 요청 시 쓰면 된다.

Mini bar
미니 바

객실 내의 미니 바에는 음료나 주류, 그 외 간단한 먹을거리가 준비되어 있어 언제든지 꺼내 먹을 수 있다. 단, 가격이 정가보다 3~4배는 비싸니 꼭 필요할 때만 이용하는 것이 좋다.

Room service
룸서비스

객실에서 식사를 하거나 음료, 주류 등을 마시고 싶을 때 이용한다. 메뉴를 선택하여 전화하면 객실로 배달해 주며 음식 값은 룸 차지 Room Charge로 해두면 체크아웃 시 정산된다. 음식을 배달해 준 이에게 $1~2 정도의 팁을 준다.

Laundry service
런더리 서비스

세탁할 옷을 세탁용 비닐백에 넣어 객실에 두고 세탁 의뢰서를 작성하거나 프런트에 맡기면 된다. 시간이 촉박한 고객을 위해 특급 서비스도 제공하고 있으나 요금은 비싼 편이다.

6 식당에서

식당에서 통하는 한마디

식당 예약하기

자리 안내받기

메뉴 주문하기

요리 설명 듣기

식당 서비스 요청하기

음식 불만 제기하기

음식값 계산하기

패스트푸드 주문하기

커피 주문하기

주류 주문하기

PLUS 식당에서 유용한 단어

PLUS 세계 각국의 팁 문화

I made a
reservation.
예약했어요.

I'd like to book a
table for two.
2인석 예약하고 싶어요.

I'd like to have
this one.
이 메뉴 원해요.

One more
bottle, please.
한 병 더 주세요.

One small cappuccino, please.
카푸치노 작은 사이즈 한 잔이요.
What is your recommendation?
무엇을 추천하시겠어요?
I'll pay for it.
계산할게요.
Do you have a table for two?
2명 자리 있나요?

식당
예약하기

유명 레스토랑은 예약이 필수인 경우가 많다. '바디 랭기쥐'가 통하지 않는 전화 예약은 영어 초보자들에게 부담이지만, 사실 몇 가지 단어만 알아도 어렵지 않다.

🔊 **핵심 여행 단어**

자리를 예약하다	book a table ★	저녁 식사	dinner
예약	reservation ★	창가 자리	table by the window
예약하다	reserve ★	흡연석	smoking table
2인석	a table for two ★	금연석	non-smoking table
아침 식사	breakfast	일행	party
점심 식사	lunch	주차장	parking lot

🎤 핵심 단어로 말하기

① 2인석 예약하고 싶어요.
I'd like to book a table for two

② 예약 변경하고 싶어요.
I want to change my reservation.

③ 제 이름은 박정원입니다.
My name is Park.

📻 핵심 단어로 대화하기

🗣 안녕하세요. Hello.

💬 저녁 식사 예약하고 싶은데요.
I'd like to book a table for dinner.

🗣 몇 시에 예약하시겠어요?
What time will you come?

💬 오후 6시 30분이요. At 6:30

🗣 몇 명이죠? How many people?

💬 어른 2명, 아이 1명입니다.
Two adults and one child.

🗣 성함이 어떻게 되죠?
Your name, please.

💬 박정원입니다.
My name is Park.

🗣 아이를 위해 금연석으로 예약해드렸고요.
A non-smoking table is reserved for your family.
변동 사항 있으면 연락 바랍니다.
Please keep us informed of any changes.

125

자리
안내받기

예약했다면 예약자 이름과 예약 내용을 밝히고, 예약하지 않았다면 몇 명 자리를 원하는지 말하면 된다. 야외석이나 금연석을 원하거나 유아 의자가 필요하다면 자리를 안내받으면서 요청해보자.

◀» 핵심 여행 단어

예약	reservation ★	위층	upstairs
예약하다	reserve ★	흡연석	smoking area
자리	table ★	금연석	non-smoking area
2인석	a table for two ★	창가 자리	table by the window
실내	inside	유아 의자	high chair
야외	outside	대기자 명단	waiting list ★

① 예약했어요.

I made a reservation.

② 예약 안 했어요.

I didn't make a reservation.

③ 2명 자리 있나요?

Do you have a table for two?

④ 자리 언제 준비되나요?

When will the table be available?

⑤ 대기자 명단에 이름 올려주세요.

Please put me on the waiting list.

⑥ 야외에 앉을 수 있나요?

Can we sit outside?

핵심 단어로 대화하기

⑦ 안녕하세요. 예약하셨나요?

Hello. Do you have a reservation?

네. 박정원 이름으로 3명 자리 예약했어요.

I have a reservation for three under the name of Park.

⑦ 네. 이쪽으로 오세요.

This way please.

네. 유아 의자를 좀 부탁합니다?

Can we have a high chair, please?

식당에서

메뉴
주문하기

손가락으로 메뉴를 가리키며 "이것 주세요!" 해도 충분하지만, 무엇을 주문할지 난감하다면 서버에게 인기 있는 현지 음식을 추천받아보자. 특정 재료를 넣거나 빼는 등 디테일한 주문도 가능하다.

◀» **핵심 여행 단어**

메뉴	menu	가장 인기 있는	the most popular ★
이것	this one ★	추가하다	extra ★
추천	recommendation ★	빼다	without ★
추천하다	recommend ★	오늘의 특선 메뉴	today's special ★
현지·현지인	local ★	덜 짜게	less salty
좋아하는	favorite	덜 맵게	less spicy

🎤 핵심 단어로 말하기

❶ 메뉴판 주세요.
Menu, please.

❷ 이 메뉴 원해요.
I'd like to have this one.

❸ 무엇을 추천하시겠어요?
What is your recommendation?

❹ 현지 음식을 먹어보고 싶어요.
I'd like to try some local food.

❺ 오늘의 특선 요리 준비됐나요?
Do you have today's special?

❻ 덜 짜게 해주세요.
Please make it less salty.

🎧 핵심 단어로 대화하기

👂 주문하시겠어요?
May I take your order?

👄 현지인들에게 가장 인기 있는 메뉴로 추천해 줄 수 있나요?
Could you recommend the most popular dishes among locals?

👂 해산물 구이가 가장 인기 많은 현지 음식입니다.
Grilled seafood is the most popular local dish.

👄 그것으로 2인분 주세요.
Two grilled seafood plates please.

후추를 빼고, 매운 소스를 듬뿍 넣어주세요.
No pepper but extra spicy sauce please.

129

요리
설명 듣기

현지에서 특색 있는 음식을 먹는 것만큼 여행을 즐겁게 해주는 일은 없다. 현지인들이 즐겨 먹는 요리일수록 어떤 재료를 사용했는지, 어떻게 조리한 것인지 궁금하기 마련. 요리에 대해 알고 나면 더 맛있게 즐길 수 있다.

◀» 핵심 여행 단어

주재료	main ingredient	소스	sauce
부재료	sub-ingredient	덜 익힘	rare
~로 만들다	made of	중간 익힘	medium
튀기다	fry	다 익힘	well done
굽다	bake = grill = roast	닭고기	chicken
찌다	steam	쇠고기	beef
끓이다	boil	해산물	seafood
달다	sweet	생선	fish
시다	sour	조개	clam
고소하다	nutty	양념	seasoning
질감·농도	texture		

① 주재료가 뭐죠?
What's the main ingredient?

② 이건 무슨 요리죠?
What kind of food is this?

③ 이 요리 뭐로 만드는 거죠?
What is in this dish?

④ 어떻게 요리하는 건가요?
How do you cook this?

⑤ 무엇을 곁들여 먹나요?
What's a side dish that goes well with this?

식당에서

▶️ 핵심 단어로 대화하기

👄 정말 맛있네요. 어떻게 요리한 건가요?
Great! How do you cook it?

👂 올리브유만 발라 구워요.
We only roast it with olive oil.

해산물이 신선하거든요.
Because the seafood is so fresh.

👄 해산물 수프도 맛이 좋습니다.
Soup with seafood is great.

👂 알맞게 끓여야 농도가 적당해집니다.
Boil it until the texture is how you want it.

식당 서비스
요청하기

식사 중에 포크, 나이프를 떨어뜨렸거나 접시, 냅킨 등이 더 필요할 때, 소스가 부족할 때는 요청하자. 종업원을 큰 소리로 부르거나 박수를 치는 것보다 눈이 마주치면 살짝 손을 올리는 정도가 자연스럽다.

◀)) 핵심 여행 단어

포크	fork	냅킨	napkin
나이프	knife	빨대	straw
숟가락	spoon	이쑤시개	toothpick
젓가락	chopsticks	소스	sauce≒dressing
접시	plate	하나 더	one more ★

❶ 포크를 떨어뜨렸어요.
I dropped my fork.

❷ 냅킨 좀 부탁합니다.
Napkin, please.

❸ 젓가락 있나요?
Are there any chopsticks?

❹ 개인 접시 하나 더 줄 수 있어요?
Could you give me one more plate?

❺ 소스 좀 더 주실래요?
Could I have more sauce?

식당에서

🎧 핵심 단어로 대화하기

◈ 냅킨 좀 부탁합니다.
Please give me some napkins.

👂 네. 냅킨 더 드릴게요.
Okay, I'll get you some more napkins.

◈ 이 나이프도 잘 들지 않아요.
This knife isn't sharp.

👂 네. 다른 것으로 드릴게요.
Okay, I'll get you another one.

◈ 이쑤시개는 어디에 있나요?
Where are the toothpicks?

👂 저쪽 카운터에 있습니다.
They're right over there.

음식 불만
제기하기

단순히 짜거나 싱거운 것처럼 맛에 대한 불만이야 그 지역 특색으로 이해할 여지가 있지만, 음식 위생과 관련한 문제라면 분명히 전달할 필요가 있다. 신선하지 않은 재료나 조리 과정의 명백한 실수, 내가 주문하지 않은 요리에 대해서도 불만을 제기할 수 있다.

🔊 핵심 여행 단어

머리카락	hair	너무 익은	over done
식다	cold	(면발 등이) 불다	soft
질기다	tough	(면발 등이) 딱딱하다	hard
상하다	go bad = off ★	너무 짜다	too salty
신선하지 않다	not fresh	너무 맵다	too spicy
덜 익은	under done	주문하지 않은	not order ★

🎤 핵심 단어로 말하기

① 이거 못 먹겠어요.
I can't eat this.

② 음식에서 머리카락이 나왔어요.
There is hair in my food.

③ 이거 상한 것 같은데요.
This is off. (= This has gone bad.)

④ 치킨이 다 식었어요.
This chicken is cold.

⑤ 내가 주문한 메뉴가 아니에요.
This is not what I ordered.

⑥ 면발이 너무 불었어요.
The noodles are too soft.

🎧 핵심 단어로 대화하기

🗣 무슨 일이죠?
What's wrong?

🗨 저 이거 못 먹겠어요. 해산물이 신선하지 않은 것 같아요.
I can't eat this. The seafood is not fresh.

🗣 어머나, 죄송합니다. 다른 메뉴로 바꿔 드릴게요.
Oh! I'm so sorry. I'll get you a new one.

🗨 음식 위생에 신경 써 주세요.
Be more careful.

🗣 네. 그러겠습니다.
Yes, I will.

음식값
계산하기

식사를 마치면 카운터로 이동해 계산하는 우리와 달리, 식사를 마친 테이블에서 바로 계산하는 나라도 많다. 계산하겠다는 뜻으로 살짝 손을 들어 서버를 부르면 되는데, 이때 "Hello"나 "Hey"보다는 "Excuse me"가 정중한 표현이다.

◀》 핵심 여행 단어

계산서	bill = check ★	영수증	receipt ★
계산·지불하다	pay ★	주문하지 않은	not order ★
오류·착오	wrong ★	잔돈	small change
현금	cash ★	각자·따로	separate
신용카드	credit card ★	포함되다	include

🎤 핵심 단어로 말하기

❶ 계산서 주세요.
Can I have the bill, please.

❷ 전부 얼마예요?
How much is it altogether?

❸ 영수증 주세요.
Give me the receipt.

❹ 잔돈을 잘못 주신 것 같아요.
You gave me the wrong change.

❺ 각자 따로 계산할게요.
Separate bills, please.

🎧 핵심 단어로 대화하기

👄 계산할게요.
I'll pay for it.

👂 총 68.37달러입니다.
The total is 68.37 dollars.

👄 잠시 계산서 볼게요.
I want to check the bill.

음식값에 착오가 있는 것 같아요.
I think this bill is wrong.

아, 이 음식 먹지 않았어요.
Ah, I didn't order this dish.

👂 죄송합니다. 다시 계산서 드릴게요.
I'm sorry. I will give you a new receipt.

패스트푸드 주문하기

매 끼니 레스토랑 이용이 부담스럽다면 한 번쯤 패스트푸드점을 이용하는 것도 나쁘지 않다. 바쁜 여행 스케줄을 절약하고 웬만해선 실패 없는 한 끼를 보장해주니 말이다. 메뉴와 사이즈 선택, 포장 여부 등을 전달하는 표현들.

◀» 핵심 여행 단어

포장	take out = to go ★	계산대	checkout counter
여기	here ★	냅킨	napkin
주문	order ★	쟁반	tray
버거	burger	케첩	ketchup
핫도그	corn dog	세트	combo(set)
피자	pizza	감자튀김	fried potato = french fries
도넛	donut	거스름돈	change
샐러드 드레싱	salad dressing	리필	refill

🎙 핵심 단어로 말하기

❶ 포장할게요.
   I want it to go.

❷ 리필 되나요?
   Can I have a refill?

❸ 따로 싸주세요.
   Can I get these in separate bags?

🎧 핵심 단어로 대화하기

🗨 주문하시겠습니까?
   Are you ready to order?

🗨 3번 세트 주세요.
   I'd like to have the number 3 combo.

🗨 치즈햄버거와 감자튀김 맞나요?
   Do you mean the cheese burger and French fries?

🗨 네. 음료는 콜라로 할게요.
   I want a coke.

🗨 여기서 드실 건가요? 포장하나요?
   For here or to go?

🗨 여기서 먹을게요.
   I'm having it here.

🗨 주문하신 것 여기 나왔습니다.
   Here you are.

139

커피
주문하기

우리나라에서 커피를 주문할 때는 커피 종류, 사이즈, 수량 순서로 "라테 큰 사이즈 하나 주세요!"
라고 한다. 영어로 주문할 땐 정확히 반대다. "One large Latte, please."처럼 수량, 사이즈, 커피
종류의 순으로 말하면 된다.

◀» 핵심 여행 단어

아메리카노	americano	샷 추가	add a shot = one extra shot
카페라떼	caffe latte	시럽	syrup
카푸치노	cappuccino	휘핑크림	whipped cream
작은 사이즈	small size	프림	cream
큰 사이즈	large size	설탕	sugar
진하다	strong	차	tea
연하다	weak	케이크	cake
우유 거품	milk foam	한 조각	a piece

🎤 핵심 단어로 말하기

❶ 카푸치노 작은 사이즈 한 잔이요.
One small cappuccino, please.

❷ 휘핑크림은 빼주세요.
No whipped cream, please.

❸ 샷 추가해주세요.
Please add a shot.

❹ 커피를 연하게 해줄 수 있나요?
Can you give me weak coffee?

❺ 크림과 설탕 어디 있나요?
Where is the sugar and cream?

식당에서

🎧 핵심 단어로 대화하기

👂 주문하시겠어요?
Can I take your order?

👄 아이스라떼 한 잔에 샷 추가해주세요.
One Ice-latte with one extra shot.

👂 컵 사이즈는요?
Which size do you want?

👄 큰 사이즈요.
Large, please.

👂 더 필요한 것 없나요?
Is there anything else that you want?

👄 치즈 케이크 한 조각 주세요.
I'd like to have one piece of cheesecake.

주류
주문하기

그 지역 대표 술을 마셔보는 것 또한 빼놓을 수 없는 문화 체험. 식사 중에 곁들일 수도 있고 펍 등에서 자유롭게 즐겨도 좋다.

TIP. 맥주를 전문적으로 판매하는 펍에서는 주문 시에 단순히 "Beer!" 라고 하지 않고 맥주의 종류를 골라야 한다. 맥주의 종류는 순한 맛의 라거 Larger와 씁쓸한 맛의 비터 Bitter, 흑맥주 스타우트 Stout 등으로 나뉜다.

🔊 **핵심 여행 단어**

추천하다	recommend ★	위스키	whiskey
하나 더	one more ★	소주	soju
맥주	beer	피처	pitcher
와인	wine	한 병	a bottle of~
칵테일	cocktail	한 잔	a glass(shot) of~

🎤 핵심 단어로 말하기

① 한 병 더 주세요.
One more bottle, please.

② 와인 한 잔 부탁해요.
A glass of wine, please.

③ 맥주 피처로 주세요.
A pitcher of beer, please.

④ 위스키와 얼음 주세요.
Whiskey with some ice, please.

🎧 핵심 단어로 대화하기

어떤 술로 하시겠어요?
What would you like to drink?

인기 있는 와인을 추천해주세요.
Can you recommend me a popular wine?

화이트와인 추천해드릴게요.
This white wine is really good.

테이스팅 해보시겠어요?
Would you like to taste it?

네.
Yes, please.

맛이 어떤가요?
How does it taste?

아주 좋네요. 이걸로 한 병 마실게요.
Excellent. I'll take this one.

식당에서 유용한 단어 PLUS

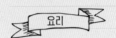 **요리**
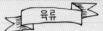 **육류**

전채 요리 appeitizer
코스 요리 course
주요리 main dish
곁들임 요리 side dish
디저트 desserts

소고기 beef
돼지고기 pork
닭고기 chicken
오리고기 duck
칠면조고기 turkey
양고기 lamb

 **생선**
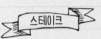 **스테이크**

연어 salmon
대구 codfish
고등어 mackerel
참치 tuna

립아이 rib eye (꽃등심)
서로인 sirloin (등심)
티본 t-bone (안심과 등심 중간 부위)
필레 fillet (등심 바로 아래 부위)
덜 익힘 rare
중간 익힘 medium
다 익힘 well done

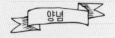 **양념**

소금 salt
설탕 sugar
기름 oil
식초 vinegar
겨자 mustard

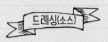

드레싱(소스)

오리엔탈 oriental
발사믹 balsamic
시저 Caesar
사우전드아일랜드 thousand Island
프렌치드레싱 French dressing
이탈리안드레싱 Italian dressing

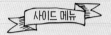

사이드 메뉴

통감자구이 baked potato
삶은 감자 boiled potato
삶은 고구마 boiled sweet potato
감자튀김 french fries
으깬 감자 mashed potatoes
크로켓 croquette
밥 boiled rice

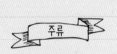

주류

맥주 beer
흑맥주 stout
샴페인 champagne
칵테일 cocktail
와인 wine
브랜디 brandy (과실 증류주)
위스키 whiskey (곡류 증류주)
리큐르 liqueur (과일향 나는 달면서 독한 술)
럼 rum (사탕수수 증류주)
진 gin (맥아 증류주)
데킬라 tequila (용설란 즙으로 만든 독한 술)
보드카 vodka (투명하고 독한 러시아 대표 술)
샹그리아 sangria (와인에 과일 등을 섞은 스페인 대표 술)

달걀 요리

오믈렛 omelet
프라이 fried egg
스크램블 scrambled
덜 익힘 soft boiled
중간 익힘(반숙) medium boiled
다 익힘(완숙) hard boiled

세계 각국의 팁 문화

팁을 얼마나 줘야 하지? 해외여행 중 팁 때문에 은근히 고민스러울 때가 많다. 우리나라에선 팁을 주는 게 관례가 아니라 얼마나, 어떻게 줘야 할지 난감하다. 팁 문화가 가장 일반적인 미국을 비롯해 세계의 팁 문화를 살펴보자.

미국

팁 문화가 아주 당연하고 액수도 큰 편. 특히 레스토랑, 호텔, 택시 등에서 서비스를 받으면 15~20% 가량 팁을 준다.

팁 문화에 철저한 미국, 상황별 적정 팁

- 레스토랑 웨이터, 와인바 소믈리에 : 약 15~20%
- 바텐더 : 약 15~20%, 술 한 잔당 1$
- 코트 보관소 안내원 : 코트 한 벌당 1$
- 발렛 파킹 : 2$
- 택시 기사 : 기본 15% 정도, 트렁크에서 짐 꺼내줄 때 1~2$ 추가
- 음식 배달 : 총금액의 10%, 힘든 배달일 경우에는 15~20%
- 이발사 : 15~20%, 샴푸, 면도, 손톱 손질 등의 서비스를 받았을 경우 1~2$ 추가
- 스파 서비스 : 15~20%
- 커피전문점 : 선택 사항
- 공항 짐꾼 : 1~2$
- 호텔 도어맨 : 택시를 잡아줄 경우 승객 한 명당 1$
- 호텔 벨보이 : 짐 한 개당 1$
- 호텔 하우스키퍼 하루 묵을 때마다 2~5$
- 호텔 컨시어지 : 티켓을 구입해주거나 예약해주는 데 5$ (어렵게 구했다면 10$ 이상). 단순히 길을 묻는 것 정도는 팁을 주지 않는다.

캐나다

미국과 마찬가지로 봉사료가 요금에 따로 포함되지 않은 경우가 많아 식사하거나 서비스받았을 때 15~20% 정도 주는 게 관례.

영국

계산서에 봉사료가 추가돼 있다면 팁을 줄 필요가 없지만, 그렇지 않다면 10~15% 정도 따로 주기도 한다. 펍에서는 팁을 주지 않는다.

프랑스

현지인들이 레스토랑에서 저녁 식사를 할 경우 10% 정도의 팁을 지급하기도 한다. 여행객들은 생략해도 괜찮지만 매우 훌륭한 서비스를 받았다면 10% 선이 적절하다.

스위스, 스페인

계산서에 15%의 봉사료가 포함돼서 나오지만 고급 레스토랑에서는 약간의 팁을 더 주는 게 관례.

독일

레스토랑이나 술집에서 약 10~15% 정도 팁을 지급하는 것이 관례다. 총액 20유로 미만일 때 1~2유로로 더 주기도 한다. 미화를 받기는 하지만 유로화를 더 선호한다.

그리스, 터키

고급 레스토랑을 제외하고 잔돈을 남기고 오는 것으로 팁을 대신하는 경우가 많다

이탈리아

팁이 의무는 아니다. 레스토랑에서 식사 시는 'Coperto'라는 서비스 비용이 팁을 대체한다. 하지만 특별한 서비스를 받았을 때 약간의 팁을 테이블에 놔두기도 한다. 택시를 이용할 경우에도 반드시 팁을 줄 필요는 없지만, 팁을 줄 경우에는 센트 단위 요금을 반올림하여 주는 정도가 보통이다.

이집트

보통 계산서에 포함되어 있는 봉사료에 5~10%를 더 얹어준다. 현지화보다 미화를 더 선호한다.

인도

대부분의 장소에서 약간의 루피화 정도면 괜찮다. 미화는 별로 선호하지 않는다. 팁을 주기 전에 계산서에 10%의 봉사료가 이미 포함한 것은 아닌지 확인할 것. 포함되어 있을 때는 줄 필요가 없다.

호주

약 20년 전만 해도 팁 문화가 활성화되지 않았지만, 요즘은 흡족한 서비스를 받았을 때 10~15% 팁을 준다.

7 관광할 때

관광할 때 통하는 한마디

관광지 정보 얻기

투어 상품 예약하기

공연 표 구입하기

박물관 · 미술관 관람하기

축구 · 야구 관람하기

골프장 예약하기

사진 촬영 부탁하기

외국인과 대화하기

PLUS 외국인과 대화할 때 유용한 표현

PLUS 현지인에게 꼭 묻고 싶었던 한마디

여행지에 대해 잘 알고 있는 현지인이나 관광안내소 등에서 알뜰히 여행 정보를 수집해보자. 현지이기 때문에 책에서 알 수 없는 알짜 정보들이 산재해 있으니 입을 뗄 용기만 있다면 정보 얻기는 어렵지 않다.

🔊 핵심 여행 단어

추천하다	recommend ★	위치	location
가는 길	way to~ ★	시내 지도	city map
가장 가까운	nearest ★	안내 책자	brochure ★
안내소	information desk	무료	free
가장 인기 있는	the most popular ★	걸어서	walk=on foot ★
가장 유명한	the most famous ★	길	street

🎤 핵심 단어로 말하기

❶ 가장 인기 있는 관광지를 추천해주세요.
Could you recommend the most popular place?

❷ 가장 가까운 안내소가 어디예요?
Where is the nearest information desk?

❸ 시내 가는 길 좀 알려줄 수 있나요.?
Can you show me the way to downtown?

❹ 시내 지도 있나요?
Can I get a city map?

🎧 핵심 단어로 대화하기

👁 꼭 가봐야 할 관광지 좀 추천해줄 수 있나요?
Could you recommend the most famous places?

🦻 타임스 스퀘어와 엠파이어 스테이트 빌딩은 미드타운에서 꼭 봐야 할 곳이죠.
Times Square and the Empire State Building are must-see places in Midtown.

모두 도보로 이동 가능합니다.
You can go there on foot.

👁 타임스 스퀘어 가는 길 좀 알려줄 수 있나요?
Can you show me the way to Times Square?

🦻 이 길 따라 10분 정도 걸으면 타임스 스퀘어예요.
Just walk along this street and it will take 10 minutes to get to Times Square.

가는 길에 안내소에서 지도를 받아가는 게 좋겠네요.
You'd better get a map from the information desk on your way.

👁 네. 감사합니다.
Thank you.

투어 상품
예약하기

혼자서 둘러보기 어려운 곳이나 가이드가 꼭 필요한 여행지들은 투어 상품을 이용하는 게 합리적이다. 온라인으로 시티투어 버스나 일일투어 상품 등을 예약할 수 있지만, 전화나 혹은 직접 예약해야 한다면 다음과 같이 말하자.

🔊 핵심 여행 단어

투어를 예약하다	book a tour ★	시작	start = begin ★
일일 투어	a day tour	추가 요금	extra charge
시내 투어	city tour	환불	refund ★
관광 투어	sightseeing tour	취소	cancel ★
가이드 투어	guided tour	변경	change ★

핵심 단어로 말하기

① 일일투어 예약하고 싶어요.

I'd like to book a day tour.

② 이 투어 얼마예요?

How much is this tour?

③ 투어 몇 시에 시작하나요?

When does the tour begin?

④ 예약을 취소할 수 있나요?

Can I cancel my reservation?

⑤ 내일 오전 투어로 변경하고 싶어요.

I'd like to change the time of my tour to tomorrow morning.

핵심 단어로 대화하기

◇ 내일 오전 가이드 투어 예약하고 싶어요.

I'd like to book a guided tour for tomorrow morning.

◉ 몇 명이죠?

For how many people?

◇ 두 명이요.

Two.

◉ 한 명당 40유로로, 총 80유로예요.

40 euros per person, total 80 euros.

◇ 한국인 가이드 있나요?

Do you have a Korean guide?

◉ 네, 내일은 한국인 가이드가 안내합니다.

Yes, there will be a Korean guide tomorrow.

공연 표
구입하기

세계적으로 이름난 공연장에서 멋진 무대를 보는 것 또한 모든 여행자의 로망. 인기 절정의 공연은 예매 전쟁 또한 치열하니 미리 표를 구입하는 게 안전하다.

🔊 **핵심 여행 단어**

TIP. 특정 시간을 지칭할 땐 주로 전치사 at을 쓴다. 따라서 공연이나 투어 시간을 얘기할 땐 시간 앞에 at을 붙여 'at 7'과 같이 표현한다.

공연	show	좌석	seat ★
표	ticket ★	앞쪽 자리	front row seat
뮤지컬	musical	중간 자리	seat in the middle row
오케스트라	orchestra	시작하다	start
가장 인기 있는	the most popular ★	오늘밤 공연	tonight's show
가장 유명한	the most famous ★	매진	sold out ★

🎤 핵심 단어로 말하기

❶ 지금 가장 인기 있는 공연이 뭐예요?

What is the most popular show now?

❷ 이 표 얼마예요?

How much is the ticket?

❸ 누가 출연하죠?

Who's in it?

❹ 4시 공연 자리 있나요?

Do you have a seat at 4?

▶️ 핵심 단어로 대화하기

◇ 어떤 공연이 가장 인기 있나요?

What is the most popular show?

🎧 리골레토 오케스트라가 가장 유명해요.

The Rigoletto Orchestra is the most famous one.

오늘 3시, 7시 공연 있습니다.

The shows are at 3 and 7 today.

◇ 3시 공연으로 표 2장 주세요.

2 tickets for the show at 3.

🎧 죄송합니다. 3시 공연이 매진되었네요.

Sorry, all the seats are sold out for the show at 3.

◇ 그럼 7시 공연 앞쪽 자리 있나요?

Do you have seats near the front for the show at 7?

🎧 네, 있어요. 어른 표 2장 여기 있습니다.

Yes, we do. Here are 2 tickets for adults.

157

박물관
미술관
관람하기

유명 작품이 전시된 박물관·미술관에선 특히 에티켓을 지켜야 한다. 전시품에 손대지 않기, 촬영 금지 구역에서 사진 찍지 않기, 단정한 복장 갖추기, 차례 지켜 관람하기 등 모든 여행자가 지켜야 할 매너다.

◀» 핵심 여행 단어

박물관	museum	화장실	restroom ★
미술관	art museum	기념품 숍	gift shop
입구	entrance ★	오디오 가이드	audio guide
출구	exit ★	대여	rent
줄	line	안내 책자	brochure ★

❶ 미술관 문 언제 열어요?
What time does the art museum open?

❷ 이 줄이 박물관 관람을 위한 건가요?
Is this the line for the museum?

❸ 입구가 어디예요?
Where is the entrance?

❹ 화장실이 어디에 있어요?
Where is the restroom?

❺ 기념품 숍 어디에 있나요?
Where is the gift shop?

❻ 박물관 안내지도 있나요?
Can I have a guide map for the museum?

🔹 무료 안내 책자를 받을 수 있나요?
Can I have a free brochure?

🔹 네. 여기 있어요.
Yes, here you are.

🔹 오디오 가이드를 듣고 싶은데요.
I'd like to have an audio guide.

🔹 여기서 대여하면 됩니다. 2달러입니다.
You can rent it here. It's 2 dollars.

🔹 네. 지금 대여할게요.
I'll take one, please.

축구 · 야구
관람하기

축구 하면 유럽, 야구 하면 미국이다. 그래서 스포츠 경기 관람을 목적으로 하는 여행자들도 많다. 뜨거운 응원 열기를 온몸으로 체험하며 스포츠 채널을 통해서만 보던 박빙의 경기를 직접 관람하는 기쁨!

🔊 **핵심 여행 단어**

TIP. 유럽의 축구 구장에는 홈 팀의 역사를 보여주는 자료와 유니폼, 트로피 등이 전시된 기념관 souvenir shop이 있어 축구 팬이라면 지나칠 수 없다.

경기	match = game ★	지다	lose
경기장	stadium	팬	fan
무승부	draw = tie	응원하다	root for
1 대 1	one to one	저지	jersey
이기다	win	기념관	souvenir shop

🎤 핵심 단어로 말하기

❶ 어느 경기장에서 경기하나요?

Which stadium?

❷ 어느 팀이 경기하나요?

Who's playing?

❸ 지금 몇 대 몇이죠?

What is the score?

❹ 어느 팀이 이길 것 같아요?

Who is likely to win?

❺ 표는 얼마인가요?

How much is the ticket?

❻ 호날두 선수의 저지를 사고 싶어요.

I'd like to buy a Ronaldo jersey.

🎧 핵심 단어로 대화하기

◇ 어느 팀 응원해요?

Which team are you rooting for?

🔊 전 레알 마드리드요. 호날두 선수 팬이거든요.

I'm rooting for Real Madrid. I am a big fan of Ronaldo.

◇ 와! 저도요.

Wow! Me too.

하지만 오늘 경기는 예측하기 어렵네요.

But it's hard to predict who will win.

🔊 분명히 이길 거라 믿어요.

I'm sure we will win.

골프장
예약하기

광활한 자연을 만끽하며 우리나라와 또 다른 코스를 경험할 수 있기에 해외 골프 여행자들도 늘어나는 추세. 현지에서 좋은 골프 코스를 추천받았다면 전화 예약 후 골프장을 이용해도 좋겠다.

◀》 핵심 여행 단어

골프장	golf course	카트	cart ★
골프	golf = tee time	장비	equipments = clubs
예약	reservation ★	캐디	caddie
가격	price		

🎙 핵심 단어로 말하기

❶ 1인당 얼마예요?
How much is it per person?

❷ 장비를 빌릴 수 있나요?
Can I rent some golf clubs?

▶️ 핵심 단어로 대화하기

👄 골프 예약하고 싶어요.
I'd like to get a tee time.

👂 네. 언제 오시겠어요?
When do you want to play?

👄 내일 오전 가능한가요?
How about tomorrow morning?

👂 오전 10시부터 가능해요.
It's possible from 10 in the morning.

장비는 있나요?
Do you have golf equipments?

👄 대여해야 해요. 얼마죠?
I need to rent some. How much are they?

👂 골프채 풀세트는 40달러예요. 그 외에 카트 사용료는 20달러 추가됩니다.
40 dollars for a full set. The additional cart fee is 20 dollars.

👄 네. 장비도 예약해주세요.
Okay, please make a reservation for the equipment.

👂 네. 감사합니다.
Thank you.

'셀카봉'과 '삼각대'에만 의지하자니 인생샷 찍기엔 부족한 느낌. 지나칠 수 없는 절경이라면 사진 촬영을 부탁하는 것도 좋겠다. 단, 유명 관광지에서 사진을 함께 찍자고 제안한 뒤 웃돈을 요구하는 집시들도 있으니 주의하도록!

◀)) 핵심 여행 단어

사진 찍다	take a picture ★	하나 더	one more ★
누르다	press ★	전신	a full length
버튼	button ★	반신	a half length
더 가까이	closer to me	카메라	camera

🎙 핵심 단어로 말하기

❶ 사진 좀 찍어줄 수 있나요?
Could you take a picture of us please?

❷ 이 버튼만 누르면 돼요.
Just press this button.

❸ 당신과 사진 찍을 수 있나요?
Can I take a picture with you?

▶️ 핵심 단어로 대화하기

👁‍🗨 실례합니다. 사진 좀 찍어주시겠어요?
Excuse me, would you mind taking our picture?

🎙 네. 어떻게 찍어드릴까요?
How would you like it?

👁‍🗨 저 건물을 배경으로 전신사진 부탁해요.
Could you take a full length picture of me with that building in the background?

이 버튼만 누르면 돼요.
Just press the button.

🎙 네. 조금만 왼쪽으로 가주세요. 하나, 둘, 셋!
Yes, move to the left side a little bit. One, two, three!

카메라 여기 있습니다.
Here's your camera.

👁‍🗨 네. 정말 마음에 들어요. 감사합니다.
I really like it. Thanks a lot.

외국인과 대화하기

간단한 문장으로도 외국인에게 나를 소개하고 여행지에서 받은 감정을 나눌 수 있다. 여행지 곳곳에서 마주하는 외국인들과 친구가 되어보는 건 어떨까? 외국인과의 대화는 영어 실력 향상의 첫 걸음이다.

◀》 핵심 여행 단어

한국인	Korean	휴가	vacation
여행	travelling	돌아가다	go back
천천히	slowly ★	다시 오다	come back

166

① 저는 한국인이에요.
I am from Korea.

② 어디서 오셨어요?
Where are you from?

③ 조금 천천히 말해줄래요?
Could you speak a little bit slowly?

🎧 **핵심 단어로 대화하기**

👂 어디에서 오셨나요?
Where are you from?

👄 한국에서 왔어요. 당신은요?
I'm from Korea. How about you?

👂 전 미국인입니다. 휴가라 이곳에 왔어요.
I am American. I'm here on vacation.

👄 저도 휴가 기간에 이곳을 여행하고 있어요.
I'm travelling around here on vacation.
언제 돌아가시나요?
When is your flight back?

👂 3일 후 돌아갑니다.
I'm going back in 3 days.
이곳이 너무 멋져서 다시 오고 싶을 거 같네요.
I really like staying here so someday I'll come back.

👄 남은 시간 충분히 즐기세요.
Enjoy your stay here and have fun.

관광할 때

외국인과 대화할 때 유용한 표현

인사

만나서 반가워요.
It's nice to meet you.

만나서 영광이에요.
It's an honor to meet you.

오늘 하루 어땠어요?
How was your day today?

또 봐요.
See you again.

몸 조심해요.
Take care.

곧 또 보면 좋겠어요.
I hope to see you again soon.

좋은 하루 보내세요.
Have a nice day.

감정

기분 최고예요!
I feel great!

더할 나위 없이 행복해요.
I couldn't be happier.

정말 멋진 도시네요.
I think it's a wonderful city!

정말 감동 받았습니다.
I was so deeply moved.
= I am deeply impressed.

괜찮아요.
I am not doing anything special.
= Nothing much.

별로요.
Not much.

기분이 그냥 그래요.
I am feeling a little down.

그리 좋지 않아요.
Not so good.

당황했어요.
I was embarrassed.

정말 흥분되었어요!
I was really stoked!

유감스럽네요.
What a pity!

참 안됐네요.
That's too bad

저 무지 겁나요.
I was so scared.

끔찍해요.
That's terrible!
= How awful!

소개

어디 출신인가요?
Where are you from?

이름이 뭐예요?
What's your name?
= Your name, please?
= May I have your name?

그냥 영이라고 불러요!
Please just call me Young.

무슨 일을 하나요?
What do you do?

어디에서 일하나요?
Where do you work?

어떤 일을 하고 있나요?
What's your business?

당신의 직업은 무엇입니까?
What's your occupation?

저는 컨설턴트입니다.
I'm a consultant.

TIP. 외국인들은 우리나라 이름을 발음하기 힘들어 하는 경우가 많다. 이를 위해 미리 애칭으로 불러달라고 하면 친근해지는 계기도 되고 부르기도 쉽다.

전 서울에 있는 대기업의 마케팅 팀에서 일하고 있어요
I work on the marketing team of a company in Seoul.

인력개발팀	경영지원팀
H.R team	financial team
편집팀	IT팀
editorial team	IT team
디자인팀	
design team	

대학에서 신문방송학을 공부하고 있어요
I'm studying Mass Communication at University.

영문학	경제학	전자공학
English Literature	Economics	Electronics
정치학	기계공학	교육학
Politics	Mechanical	Pedagogics
경영학	Engineering	철학
Business	심리학	Philosophy
Administration	Psychology	

현지인에게 꼭 묻고 싶었던 한마디!

PLUS

한국인들은 현지인에게 무엇을 가장 묻고 싶을까? 최근 해외여행을 다녀온 약 300명의 한국인(박코치어학원 수강자)에게 여행 중 꼭 묻고 싶었던 '한마디'를 물었다.

이 동네 맛집 좀 알려주세요.
Let me know good places to eat around here.

여기서 꼭 해봐야 할 것은 무엇이죠?
What should I do around here?

밤에도 안심하고 갈 만한 곳을 알려주세요.
Let me know the spot that I can go and be safe even at night.

이 음식에 특이한 향신료가 들어갔나요?
Did you put special spice on this dish?

적당한 가격대의 음식점은 어디인가요?
Where's the restaurant that has reasonable prices?

여기서 가장 인기 있는 메뉴를 추천해주세요.
Please recommend the most popular dish here.

시간이 부족한데 어디를 가는 게 가장 나은가요?
As I don't have much time, where would be the best place to go?

이 근처에서 가장 한적한 곳으로 가고 싶어요.
I want to go the quietest place near here.

현지인들이 줄서서 먹는 곳이 어디죠?
Can you recommend restaurants that have lots of local people?

요즘 이 주변에서 가장 핫한 곳이 어디죠?
Where's the hottest place around here nowadays?

전망이 끝내주는 곳을 가고 싶어요.
I'd like to go a place with a great view.

지역 특색이 강한 음식을 먹고 싶어요.
I want to eat something that is a local specialty.

당신이 나라면 뭘 하겠어요?
What would you do if you were me?

8 쇼핑할 때

쇼핑할 때 통하는 한마디

제품 문의하기

착용 요청하기

가격 흥정하기

제품 계산하기

포장 요청하기

교환 · 환불하기

PLUS 쇼핑할 때 유용한 색상 단어

PLUS 해외 의류 · 신발 사이즈

What's the most popular product?
가장 인기 있는 제품이 뭐죠?
I want to get a refund.
환불해주세요.
I want to buy a local product.
지역 특산품을 사고 싶어요.
Is this on sale?
이거 세일 중인가요?
I'll pay for this.
계산할게요.

제품
문의하기

한국에서 보기 어려운 브랜드와 제품은 여행자의 쇼핑 욕구를 높인다. 매장에 들어가 원하는 제품을 찾기 어렵거나, 제품을 고르는 데 점원의 도움이 필요하다면 다음과 같이 말해보자.

◀)) **핵심 여행 단어**

TIP. 단순히 아이쇼핑을 위해 매장에 갔는데 점원이 적극적으로 물건을 권하는 게 부담된다면 "그냥 둘러보는 거예요 I'm just browsing = Just looking"라고 말하면 된다.

가장 인기 있는	the most popular ★	치마	skirt
지역 특산품	local product ★	바지	pants
세일 중	on sale = off ★	가방	bag
신상품	new product	지갑	wallet
이것	this one ★	신발	shoes
새것	new one ★	남성용	men's
다른 색상	another color	여성용	women's
티셔츠	t-shirt	둘러보다	browse ★

❶ 가장 인기 있는 제품이 뭐죠?

What's the most popular product?

❷ 이거 세일 중인가요?

Is this on sale?

❸ 지역 특산품을 사고 싶어요.

I want to buy a local product.

❹ 디스플레이 상품 말고, 새것으로 주세요.

Please give me a new one, not the display item.

❺ 그냥 둘러보는 거예요.

I'm just browsing.(= Just looking.)

👄 티셔츠를 찾는데요.

I'm looking for a T-shirt.

👂 어떤 스타일 원하세요?

What kind of style do you want?

👄 장식 없는 회색 티셔츠요.

A gray T-shirt without any decoration.

👂 네. 이 제품 현재 30% 세일하고 있어요.

Yes. This product is 30% off.

👄 신상품인가요?

Is this a new product?

👂 신상품은 아니지만 가장 인기 있는 제품이에요.

No, it's not a new product. But it's the most popular one.

쇼핑할 때

착용
요청하기

사이즈 표기법이 다른 외국에서는 특히 입어보고 신어본 후에 구매하는 것이 최선. 한국에 돌아와 후회하지 않으려면 구매 전에 착용해보자.

◀» 핵심 여행 단어

착용해보다	try on ★	끼다	tight
더 작은 것	smaller one	헐렁하다	loose
더 큰 것	larger one	돌아보다	look around
다른 색상	another color	탈의실	fitting room
너무 큰	too large	남성용	men's
너무 작은	too small	여성용	women's

❶ 이거 착용해봐도 돼요?

Can I try it on?

❷ 탈의실이 어디죠?

Where's the fitting room?

❸ 저한테 잘 맞아요.

It looks good on me.

❹ 너무 꽉 끼네요.

It's too tight.

❺ 좀 더 돌아볼게요.

I want to look around more.

🎧 **핵심 단어로 대화하기**

👄 이 청바지 미디움 사이즈 있나요?

Do you have these jeans in medium?

👂 네. 있습니다.

Yes, we do.

👄 착용해보고 싶어요.

I'd like to try it on.

👂 저쪽 탈의실에서 착용해보세요.

You can try it on in the fitting room over there.

👄 너무 헐렁하네요. 조금 작은 사이즈 있나요?

It's too loose. Do you have a smaller one?

👂 작은 사이즈로 드릴게요.

I'll get you one in a smaller size.

쇼핑할 때

가격
흥정하기

대형 쇼핑몰이나 브랜드 체인점의 경우 미리 검색해 쿠폰을 다운받거나 공항, 호텔 등에 비치된 쿠폰북으로 가격을 할인받을 수 있다. 시장에서라면 깎아달라는 애교가 통할 수도 있으니 상황에 맞게 알뜰하게 쇼핑하자.

◀》 핵심 여행 단어

가격	price	비싸다	expensive ★
할인	discount ★	손해	loss
쿠폰	coupon	현금	cash

🎤 핵심 단어로 말하기

❶ 할인받을 수 있나요?
Can I get a discount?

❷ 이 쿠폰 쓸 수 있어요?
Can I use this coupon?

❸ 너무 비싸요.
It's too expensive.

❹ 더 많이 깎아주세요.
I want a bit bigger discount.

❺ 이게 제가 가진 전부예요.
That's all I have.

🎧 핵심 단어로 대화하기

◇ 제품은 마음에 드는데, 너무 비싸요.
I love it, but it's too expensive.
20달러 어때요?
What about 20 dollars?

🗨 그건 너무 밑지고 파는 거예요.
I'm selling at a loss.

◇ 현금으로 할게요. 더 많이 깎아주세요.
I'll pay cash. So please give me a bigger discount.

🗨 그 가격에 맞춰드릴게요.
We'll match that price.

제품
계산하기

자신의 신용카드가 해외에서 사용 가능한지 미리 알아볼 것. 유럽 등 대부분의 국가에서 IC 거래가 대중화되면서 마그네틱 전용 카드로 결제 불가능한 경우가 많다. 문제없이 계산하기 위해 알아둘 표현들.

◀» 핵심 여행 단어

계산하다	pay ★	세금 환급	tax refund ★
현금	cash ★	할부	monthly installment plan
신용카드	credit card ★	달러	dollar
영수증	receipt ★	유로	euro

① 계산할게요.
I'll pay for this.

② 현금으로 계산할게요.
I'll pay with cash.

③ 달러로 계산할 수 있나요?
Can I pay with dollars?

④ 영수증 주세요.
Please give me a receipt.

◇ 계산할게요.
I'll pay for this.

🔊 57달러예요. 신용카드, 아니면 현금?
It's 57 dollars. Credit card or cash?

◇ 신용카드로 할게요. 여기요.
With a credit card. Here it is.

🔊 영수증 여기 있어요.
Here's your receipt.

◇ 세금 환급 서류를 받을 수 있나요?
Can I get tax refund documents?

🔊 네. 세금 환급 서류 준비해 드릴게요.
Yes, I'll get you tax refund documents.

쇼핑할 때

포장
요청하기

지인을 위한 기념품이라면 예쁜 포장이 선물의 격을 높여줄 터. 단, 해외는 선물 포장에 추가 요금이 부과된다는 건 참고하자.

◀)) 핵심 여행 단어

포장	wrapping = packing	쇼핑백	shopping bag
선물 포장	gift wrapping	뽁뽁이	bubble wrap
포장 코너	gift-wrap corner	예쁘게	nicely

❶ 이것 선물 포장 부탁드려요.
Could you please gift wrap these?

❷ 쇼핑백에 담아줄 수 있나요?
Can I get it in a shopping bag?

❸ 예쁘게 해주세요.
Please wrap these nicely.

❹ 포장은 유료예요?
Do you charge for gift wrapping?

❺ 두 개 포장 얼마예요?
How much is it for gift wrapping two of these?

🎧 핵심 단어로 대화하기

👁 이것 세 개 포장 부탁드려요.
Please wrap these three.

👂 네. 1개당 1달러씩 지불하셔야 합니다.
Yes. You have to pay 1 dollar for each.

👁 음, 유료네요.
Oh, I have to pay extra?

뽁뽁이 싼 후에 포장해주세요.
Please wrap it with bubble wrap.

👂 네, 예쁘게 해드릴게요.
Yes, I'll wrap these nicely.

쇼핑할 때

교환
환불하기

물품을 잘못 구매했거나 하자가 있는 경우 교환 · 환불을 요청할 수 있다. 단, 계산했던 신용카드와 영수증 지참 등 교환 · 환불 규정에 따른 요건을 갖춘 후에 정중히 요청하자.

🔊 핵심 여행 단어

교환하다	exchange ★	하자	flaw
환불하다	refund ★	영수증	receipt ★
환불 규정	refund policy	사용하지 않은	unused
새것	new one ★	지불하다	pay ★

① 다른 걸로 교환할 수 있나요?
Can I exchange it?

② 환불해주세요.
I want to get a refund.

③ 현금으로 계산했어요.
I paid cash.

④ 새것으로 바꾸고 싶어요.
I want to exchange it for a new one.

👄 오늘 오전에 샀는데 문제가 있네요.
I bought it this morning, but it has a flaw.

👂 아, 그렇군요. 영수증 보여주세요.
Oh, I see. Show me your receipt.

👄 여기 있어요.
Here it is.

👂 교환해드릴게요.
I'll exchange it for you.

👄 전 환불하고 싶어요.
I want to get a refund.

👂 그러죠. 여기 55달러 있습니다.
Sure, we can do that. Here's 55 dollars.

쇼핑할 때

쇼핑할 때 유용한 색상 단어

PLUS

레드 계열 Red	블루 계열 Blue	그린 계열 Green	베이지 계열 Beige	무채색 계열 Achromatic
자주색 burgundy	남색 navy blue	국방색 military green	아이보리 ivory	흰색 white
그을린 분홍 tan pink	하늘색 sky blue	카키색 khaki	린넨 linen	은색 silver
기본 분홍 classic pink	옅은 청록색 aqua	라임색 lime green	옅은 베이지 natural	밝은 회색 light Gray
강렬한 분홍 hot pink	암청색 indigo	올리브색 olive	짙은 베이지색 tan	회색 gray
인디언 핑크 Indian pink	보라색 purple	숲색 forest green	황갈색 sienna	옅은 회색 heather gray
산호색 coral	라벤더색 lavender	연두색 chartreuse	초콜릿색 chocolate	짙은 회색 Dark Gray
벽돌색 firebrick	연보라색 orchid	연한 청록색 sea green	코코아색 cocoa brown	검은색 black

해외 의류 사이즈 PLUS

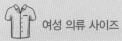 여성 의류 사이즈

구분	대한민국	미국 캐나다	영국 호주	프랑스	이탈리아	유럽
XS	44(85)	2	4~6	34	80	34
S	55(90)	4	8~10	36	90	36
M	66(95)	6	10~12	38	95	38
L	77(100)	8	16~18	40, 42	100	40
XL	88(105)	10	20~22	44, 46, 48	105	42
XXL	110	12	–	50, 52, 54	110	44

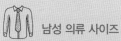 남성 의류 사이즈

구분	대한민국	미국 캐나다	영국 호주	프랑스	유럽
XS	44(85)	85~90 14	0	40	44~46
S	55(90)	90~95 15	1	42, 44	46
M	66(95)	95~100 15.5~16	2	46, 48	48
L	77(100)	100~105 16.5	3	50, 52	50
XL	88(105)	105~110 17.5	4	54, 56, 58	52
XXL	110	110~	5	60, 62	54

여성 신발 사이즈 Women's shoes size

한국 KR	220	225	230	235	240	245	250	255	260	265	270
미국 US	5	5.5	6	6.5	7	7.5	8	8.5	9	9.5	10
영국 UK	3	3.5	4	4.5	5	5.5	6	6.5	7	7.5	8
유럽 EU	36	36.5	37	37.5	38	38.5	39	39.5	40	40.5	41

 남성 신발 사이즈 Men's shoes size

한국 KR	240	245	250	255	260	265	270	275	280	285	290
미국 US	6	6.5	7	7.5	8	8.5	9	9.5	10	10.5	11
영국 UK	5	5.5	6	6.5	7	7.5	8	8.5	9	9.5	10
유럽 EU	39.5	40	40.5	41	41.5	42	42.5	43	43.5	44	44.5

유아 0~3세 신발 사이즈 Infant shoes size

한국 KR	105	108	114	117	121	127	130	133	140	143	146
미국 US	3	3.5	4	4.5	5	5.5	6	6.5	7	7.5	8
영국 UK	2.5	3	3.5	4	4.5	4.5	5	5.5	6	6.5	7
유럽 EU	18	19	19	20	20	21	22	22	23	23	24

 유아 4~7세 이하 신발 사이즈 Toddler shoes size

한국 KR	152	156	159	165	168	171	178	181	184	191	194
미국 US	8.5	9	9.5	10	10.5	11	11.5	12	12.5	13	13.5
영국 UK	7.5	8	8.5	9	9.5	10	10.5	11	11.5	12	12.5
유럽 EU	25	25	26	27	28	28	29	30	30	31	31

 아동 7세 이상 신발 사이즈 Youth shoes size

한국 KR	197	203	206	210	216	219	222	229	232	235	241
미국 US	1	1.5	2	2.5	3	3.5	4	4.5	5	5.5	6
영국 UK	13	13	1	1.5	2	2.5	3	3.5	4	4.5	5
유럽 EU	32	33	33	34	34	35	36	36	37	37	38

9 위급상황

위급상황 시 통하는 한마디
분실 · 도난 신고하기
부상 · 아플 때
교통사고 당했을 때
PLUS 위급상황 시 대처 요령

분실·도난
신고하기

가방이나 휴대폰 등을 분실하지 않도록 조심해야겠지만, 불가피하게 중요한 물품을 잃어버렸다면 반드시 도난·분실 신고를 할 것. 여행자 보험 시 보상받는 필수 조건이 신고서 작성임을 명심하자.

TIP. 눈앞에서 내 가방에 손을 대는 소매치기를 봤다면, 단호하게 말해 그 상황을 막거나 주변에 도움을 요청하자. "손대지 말아요. 제 거예요. Don't touch! It's mine.", "혹은 서라! 도둑이야! Stop! Thief!" 정도로 말할 수 있다.

◀)) 핵심 여행 단어

경찰서	police station	가방	bag
가장 가까운	nearest ★	도난 신고서	police report ★
도난	robbery	작성	fill in
분실	lost ★	여권	passport ★
지갑	wallet	재발급받다	reissue ★
휴대폰	mobile phone	영사관	consulate

❶ 가장 가까운 경찰서가 어디인가요?

Where is the nearest police station?

❷ 도난 신고를 하고 싶어요.

I want to report a robbery.

❸ 휴대폰을 분실했어요.

I lost my mobile phone.

❹ 지갑을 도난당했어요.

Someone stole my wallet.

❺ 여권을 재발급받고 싶어요.

I want to have my passport reissued.

🗣 언제, 어디서, 무엇을 분실했나요?

When, where, what did you lose?

👁 오늘 오전 9시쯤 지하철에서 지갑과 휴대폰을 분실했어요.

Around 9 o'clock this morning, I lost my wallet and mobile phone.

이렇게 가방 지퍼가 열려 있었어요.

The zipper of my bag was open like this.

🗣 지갑에는 무엇이 들어 있었죠?

What was in your bag?

👁 신용카드와 현금 200유로, 여권이 있었어요.

There was a credit card, 200 euros in cash, and a passport.

🗣 여기 도난 신고서 작성해주시고요,

Please fill in this police report,

영사관에서 여권 재발급받으셔야 합니다.

And you should have your passport reissued at the Consulate.

위급상황

부상
아플 때

고대하던 여행도 몸이 아프면 즐거울 리 없다. 견디기 힘든 통증이 있다면 약국이나 병원을 찾아 증상을 설명하고 적절한 처방을 받는 것이 좋다.

🔊 핵심 여행 단어

병원	hospital	진통제	painkiller
약국	pharmacy	약	medicine ★
아프다	sick	소화제	digestive medicine ★
복통	stomachache	과식	overeating
두통	headache	식후	after meal
허리 통증	backache	어지럽다	dizzy
여행자 보험	travel insurance	설사	diarrhea

🎤 핵심 단어로 말하기

❶ 가장 가까운 병원이 어디 있나요?
Where's the closest hospital?

❷ 저 아파요.
I don't feel well.(=I'm sick.)

❸ 허리를 다쳤어요.
I have a backache.

❹ 배가 아파요.
I have a stomachache.

❺ 여행자 보험에 들었어요.
I have travel insurance.

❻ 진통제 좀 살 수 있나요?
Can I buy some painkillers?

❼ 과식한 것 같아요.
I'm afraid I ate too much.

❽ 소화제 주세요.
Digestive medicine, please.

🎧 핵심 단어로 대화하기

🗣 어디가 아프죠?
What seems to be the problem?

🗨 배가 아프고, 어지러워요.
**I have a stomachache and diarrhea.
I feel dizzy.**

🗣 언제부터 그랬어요?
When did you start feeling bad?

🗨 어젯밤에 먹은 게 탈 난 것 같아요.
From last night. Something that I ate last night made me feel sick.

🗣 여기 약 있습니다. 하루 두 번 식후에 드세요.
Here's your medicine. Take it twice a day after eating.

위급상황

교통사고
당했을 때

교통사고를 당했다면 신속하게 주변에 도움을 요청하자. 사고 현장 변경에 대비해 사진을 찍어두는 것도 잊지 말자.

🔊 핵심 여행 단어

사고	accident ★	경찰	police
교통사고	car accident	구급차	ambulance
다치다	hurt	신고하다	report
충돌	crash	보내다	send

🎤 핵심 단어로 말하기

❶ 여기 사고가 났어요.
   We had an accident here.

❷ 제가 다쳤어요.
   I got hurt.

❸ 자동차가 충돌했어요.
   The car crashed.

❹ 교통사고 신고하려고요.
   I'd like to report a car accident.

❺ 경찰 좀 불러주세요.
   Please call the police.

❻ 구급차 좀 불러줄 수 있나요?
   Could you call an ambulance?

🎧 핵심 단어로 대화하기

🗣 여보세요. 뉴욕 경찰서입니다.
   Hello, this is the New York police department.

   무엇을 도와드릴까요?
   How can I help you?

👄 사고 신고하려고요.
   I'd like to report an accident.

🗣 어떤 사고죠?
   What kind of accident is it?

👄 자동차가 충돌해서 제가 다쳤어요.
   The car crashed, I got hurt.

🗣 먼저 구급차를 보내드릴게요.
   We'll send you an ambulance first.

위급상황

201

위급상황 시 대처 요령 PLUS

도난 분실

우선 가까운 대사관 혹은 총영사관에서 관할 경찰서의 연락처와 신고 방법 및 유의사항을 안내받는다.

• 여권을 분실했을 땐 가까운 현지 경찰서를 찾아가 여권분실증명서를 만든 후, 재외공관에 분실증명서, 사진 2장(여권용), 여권 번호, 여권 발행일 등을 기재한 서류를 제출한다. 급히 귀국해야 할 경우 여행증명서를 발급받는다.

• 돈이나 신용카드 등 여행경비 일체를 잃어버렸을 때는 '신속해외송금지원' 제도를 이용한다. 국내에서 외교부 계좌로 돈을 입금하면 해당 재외공관에서 현지화로 전달해주는 방식이다.

• 항공권을 분실한 경우 해당 항공사의 현지 사무실에 신고하고 항공권 번호를 알려준다.

자연재해

재외공관에 연락해 본인의 소재지 및 여행 동행자의 정보를 남기고, 공관의 안내에 따라 신속히 현장을 빠져나와야 한다.

• 지진이 일어났을 경우 크게 진동이 오는 시간은 보통 1~2분이다. 성급하게 외부로 나가는 것은 위험할 수 있으니 비교적 안전한 위치에서 자세를 낮추고 신체를 보호하자.

• 해일(쓰나미)이 발생한 경우 가능한 높은 지대로 신속히 이동한다. 목조 건물로 대피할 경우 급류에 쓸려갈 수 있으니 가급적 철근콘크리트 건물로 이동해야 한다.

• 태풍, 호우 시에는 큰 나무 주변을 피하고 고압선 가로등이 없는 곳으로 피해야 감전의 위험을 줄일 수 있다.

교통사고

외교통상부의 '해외안전여행' 앱을 다운받아두면 유용하다. 현지 경찰서 연락처를 안내해주고, 사건 장소 촬영 및 녹취 기능이 제공된다.

- 사고 후 지나치게 위축된 행동이나 사과를 하는 것은 자신의 실수를 인정하는 것으로 이해될 수 있으니 분명하게 행동한다.

- 목격자가 있는 경우 목격자 진술서를 확보하고 사고 현장 변경에 대비해 현장 사진을 촬영한다.

- 장기 입원하게 될 경우 재외공관을 통해 국내 가족들에게 연락할 수 있도록 하고, 사안이 위급하여 국내 가족이 즉시 현지로 와야 하는 경우 긴급 여권비자 발급에 관한 협조를 구한다.

해외에서 긴급할 땐 '영사콜센터'

휴대폰 자동로밍일 경우
현지 입국과 동시에 자동으로 수신되는 영사콜센터 안내문자에서 통화 버튼으로 바로 연결.

휴대폰 자동로밍 아닐 경우 · 유선전화 이용할 경우
유료연결 : 현지 국제전화코드 + 82-2-3210-0404
무료연결 ① : 현지 국제전화코드 + 800-2100-0404 / 800-2100-1304
           ② : 국제자동콜렉트콜(Auto Collect Call)
           ③ : 국가별 접속번호 + 5번

해외에서 각종 사건 · 사고를 당했을 때 외교부 영사콜센터에 전화하면 상담원이 바로 응대해 도움을 준다. 만약 여행객이 큰 부상을 당하고 현지에서 직접 도움 줄 사람이 없을 땐 현지 공관 직원이 출동하기도 한다.
영사콜센터의 상담 분야는 폭행, 강도, 해외 대형 재난, 각종 사건 · 사고를 비롯해 여권, 영사 확인 등 외교부 관련 민원 상담까지 다양하다. 해외 긴급 상황 시 통역서비스(영어, 중국어, 일본어, 프랑스어, 러시아어, 스페인어)를 지원하기도 한다. 해외 '신속해외 송금지원' 제도도 이 번호로 전화해 요청할 수 있다.

10 해외여행 준비 D-50

D-50 여행 정보 수집 · 계획하기

D-45 여권 준비하기

D-40 항공권 예약하기

D-30 숙소 예약하기

D-10 면세점 쇼핑하기

D-5 구글맵 준비하기

D-3 환전하기

D-1 짐 꾸리기

D-50

여행 정보 수집 · 계획하기

여행 가기로 마음먹은 순간부터 출국 전까지 손과 머리는 바쁘게 움직인다. 틈날 때마다 가이드북을 들여다보고, 인터넷으로 서치 또 서치! 차곡차곡 쌓인 정보를 토대로 여행지 In-Out도 정하고, 여행 코스를 짜면서 계획을 구체화해나가자.

가이드북으로 밑그림 그리기

아무리 인터넷에 여행 정보가 넘쳐난다지만 여행의 밑그림을 그리는 데 가이드북만 한 것이 없다. 그 지역에 대한 전문성을 갖춘 저자의 노하우를 바탕으로 여행지를 파악하고, 원하는 여행 스타일을 찾기에도 용이하다. 다양하게 제시된 코스 등을 참고하여 여행 계획을 짜기도 수월하다. 이렇게 최종적으로 정한 In-Out은 항공권 예매에 가장 기초가 되는 정보!

온라인 카페 & SNS에서 생생 노하우 얻기

얼마 전 그곳을 여행하고 온 사람들의 생생한 후기는 디테일한 여행 계획을 세우는 데 큰 도움이 된다. 특히 그 지역에 특화된 정보를 많이 보유한 온라인 카페에 가입해 고수들의 조언을 듣는 것은 유용하다. 계획한 스케줄이 무리가 없는지, 그 지역에서 꼭 해봐야 할 것은 무엇인지, 맞춤 정보를 얻고 나면 스케줄이 더욱 탄탄해진다. 블로그나 인스타그램, 페이스북 등 SNS를 들여다보면서 여행 깨알 팁을 하나둘씩 얻는 것도 즐거움!

유용한 해외여행 사이트 Best 3

더 쉽고, 더 편리하게 여행하기 위한 해외여행 사이트들. 입 떡 벌어지는 유용하고도 신기한 기능이 넘쳐난다.

❶ 비아미쉐린 www.viamichelin.com
프랑스에서 가장 권위 있는 지도 회사이기도 한 '미슐랭' 관련 지도 사이트. 매년 음식점 등급을 책정해서 지도에 담는 것으로 유명하다. 루트 플래너 기능은 선택 구간별 총 거리와 기름값, 소요시간을 볼 수 있는데, 무료 도로, 비포장 도로 제외 등의 유용한 옵션 사용이 가능하다. 자동차, 오토바이, 자전거 여행자들에게 유용하고, '미슐랭' 음식점을 한눈에 보기에도 편리하다.

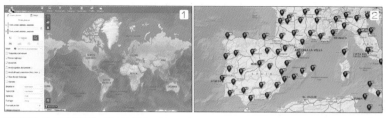

1 자동차, 오토바이, 자전거, 도보 중 선택할 수 있고, 무료 도로, 비포장도로 제외, 국경 허용 등의 옵션 선택도 가능하다. **2** '미슐랭' 음식점 위치를 표시한 지도.

② 스투비플래너 www.stubbyplanner.com

요즘 해외 여행자들 사이에서 매우 핫한 사이트. 여행 스케줄을 효율적으로 관리할 수 있는 거의 모든 기능을 갖추고 있다. 해당 도시에서 꼭 봐야 할 베스트 관광지를 보여주고, 그곳에서 몇 박을 묵을 것인지 선택해 루트를 이어주면 달력에 전체 스케줄이 표시된다. 코스별 예산, 도시 간 교통편 등도 입력 및 선택 가능하고, 비슷한 루트의 남들의 계획이 어떤지 보여줘 참고하기 좋다.

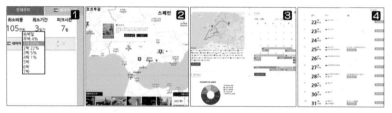

1 해당 도시에서 여행자들이 몇 박을 묵었는지 그 비율을 보여줌. **2** 해당 도시에서 꼭 봐야 할 볼거리를 알려줌. **3** 다른 여행자들의 여행 루트, 일정표, 예산을 한눈에 보여줌. **4** 일정표 관리가 아주 쉽게 가능하다.

③ 키드앤코 www.kidandcoe.com

에어비앤비와 비슷한 성격이지만 아이가 있는 가족 여행객들에겐 더욱 유용한 사이트. 소개하는 객실 가격이 저렴한 편은 아니지만 가족 여행자에게 특화되어 있기에 훨씬 편리하게 이용할 수 있다. 아이와 함께 이용 가능한 욕조, 책, 책상, 장난감, 자전거 등을 포함한 세세한 객실 옵션을 선택할 수 있다.

1 가격, 아이 수, 침대 개수, 각종 옵션 선택해 검색 가능. **2** 각 숙소별 세부 정보와 게스트 정보 공개.

D-45

여권 준비하기

여권. 여행 준비를 시작하면서 우선적으로 체크해야 할 필수 준비물, 바로 여권이다. 우리나라 주민등록증처럼 해외여행 시 내 신분을 증명해주기에 반드시, 그리고 실수없이 챙겨야 한다.

여권 종류

❶ 일반 복수여권 PM(Multiple Passport)
여권 유효 기간 만료일까지 횟수 제한 없이 해외여행이 가능한 여권. 유효 기간 5년, 10년 중에 선택 가능하다.

❷ 일반 단수여권 PS(Single Passport)
1년의 유효기간 동안 오직 해외여행이 1회 가능한 여권. 귀국 시 효력은 상실된다.

여권 발급 준비물

❶ 여권 발급 신청서
(여권과에 비치)
❷ 여권용 사진 1장
(6개월 이내 촬영)
❸ 신분증
❹ 여권 발급 수수료
 • 10년 복수 여권 :
  48면 5만3000원, 24면 5만 원
 • 1년 단수 여권 : 2만 원

가까운 구청이나 시청 여권과로 가서 신청하면 된다. 전자여권은 타인이나 여행사의 발급 대행이 불가능하기 때문에 직접 신청해야 한다. 여권 발급 신청서는 각 여권과에 비치되어 있으며, 외교통상부 홈페이지에서 양식을 내려받아 미리 작성해 갈 수도 있다. 여권이 발급되기까지 보통 3~4일 정도 소요되고, 성수기에는 일주일 이상 걸리기도 하니 미리 준비해두는 게 안전하다. 수령할 때는 반드시 신분증을 지참할 것.

외교통상부 여권 안내 www.passport.go.kr

여권 유효기간 연장은 불가

여권 유효기간 연장제도가 폐지되면서 여권 유효기간의 연장은 이제 불가능하다(분실이나 훼손 등의 사유가 있을 때만 재발급받을 수 있다). 따라서 여권을 미리 확인하고 입국일 기준으로 유효기간이 6개월 이상 남지 않았다면 새 여권을 발급받아야 한다. 국가에 따라 다소 다르지만 유효기간이 6개월 이상 남지 않은 여권은 현지에서 입국 거절당할 수 있다.

D-40

항공권 예약하기

정해놓은 여행지 In-Out을 토대로 항공권을 예약한다. 특히 항공권은 여행 예산에서 가장 큰 비중을 차지하는 만큼 합리적인 가격에 예약할 수 있도록 하자.

항공권 가격 비교 사이트

❶ **스카이스캐너**
www.skyscanner.co.kr

❷ **인터파크 투어**
tour.interpark.com

❹ **와이페이모어**
www.whypaymore.co.kr

❺ **익스피디아**
www.expedia.co.kr

요즘에는 각 항공사 사이트에 들어가 항공권 가격을 체크하지 않고, 가격 비교 사이트에서 여러 항공권 요금을 한번에 비교하며 결정하는 게 합리적이다. 사이트마다 서로 장점을 내세우지만 결국 서비스에 큰 차이점은 없고, 출발지와 목적지를 입력한 후 원하는 항공권의 가격이 가장 저렴한 곳을 이용하는 게 낫다. 항공사의 프로모션에 따라 저렴한 항공권을 제공하는 경우가 있으니 미리 SNS를 팔로우하거나 즐겨찾기로 해두고 자주 체크해보자.

항공권 구매 시 체크할 것

❶ 예약 시 항공권에 기입한 영문 이름과 여권상의 영문 이름은 반드시 동일할 것.

❷ 도착지에 도착하는 시간을 확인하자. 공항에서 시내까지 이동할 교통수단의 운행 시간과 숙소의 체크인 시간을 고려해야 한다. 이때 여권 심사나 짐을 찾는 시간 등도 포함해야 한다.

❸ 직항이 아닌 경우 환승 공항에서 소요되는 시간을 잘 따져보자. 이용객이 많아 복잡한 공항이나 서류 심사가 까다로운 국가의 공항일 경우 환승 절차에 따른 시간 때문에 비행기를 놓치는 수가 있다.

항공권 구매 시 필수 영단어

Roundtrip 왕복 | **One way** 편도 | **Multi-city** 다구간 | **1 stop** 1회 경유
From 출발지 예) ICN(한국 인천) | **To** 도착지 예) NY(미국 뉴욕)
Add nearby airports 가까운 공항 추가 | **Depart** 출발일 | **Return** 귀국일
Cabin Class 좌석 등급 | **Non-stop flights only** 직항만 | **Search flights** 항공편 검색

D-30

숙소 예약하기

숙소 또한 항공권과 마찬가지로 일찍 예약할수록 혜택의 기회를 얻을 수 있다. 숙소 예약 사이트는 10박에 1박 무료, 적립금 등 혜택이 다소 다르므로 비교 후 이용하는 것도 방법.

숙소 예약 비교 사이트

❶ 호텔스닷컴 kr.hotels.com

차별화된 점은 10번 숙박 시 1박이 무료라는 것. 11번째 밤은 호텔스닷컴과 연계된 전 세계 호텔에서 원하는 날짜에 무료로 묵을 수 있다. 덕분에 한 번 이용했던 여행객들의 충성도가 높다. 가입 시 기재 이메일로 뉴스레터를 발송하는데, 할인 정보나 할인 쿠폰 등의 코드를 제공한다. 매년 2회씩 전 세계 주요 도시의 호텔 가격을 조사한 '호텔 가격 지수'를 발표하는 것도 특징.

❷ 부킹닷컴 www.booking.com

최저가 프로모션을 꾸준히 진행하여 유럽 호텔 이용객들의 선호도가 높다. 예약 취소와 변경 등의 절차가 간소한 편이고, 취소 시 수수료가 발생하지 않는 상품도 많다. 호텔 예약 외에는 전 세계 6000여 개 지역에서 8개 렌터카 업체의 예약 서비스를 진행한다.

❸ 호텔패스닷컴 www.hotelpass.com

숙박 예약 사이트들이 너도나도 최저가를 주장하다 보니 가격 표시에 꼼수가 숨겨진 경우도 많다. 세금 등의 명목이 추가돼 결제 전 가격과 결제 후 가격이 다르기 때문. 호텔패스닷컴은 애초에 '최종 결제 가격 명시'하는 곳으로 믿음을 준다. 덕분에 깐깐한 20~30대 여성 이용자가 많다는 게 업체 측 설명.

❹ 익스페디아 www.expedia.co.kr

3만여 도시, 20만여 개 호텔의 최저가 상품을 선보이며, 포인트 사용에 관대한 게 특징. 포인트를 여행에 사용하는 방법도 직접 선택하고, 적용 제외 날짜도 없다. 본인은 물론 다른 사람의 여행 예약에도 포인트 사용이 가능하다. 호텔 예약 외에 에어아시아 항공권, 에어텔, 렌터카 예약 서비스도 제공한다.

❺ 아고다 www.agoda.com/ko-kr

비회원도 이용 가능하지만 회원에게 최대 30% 할인된 단독 특가 상품을 선보인다. 로그인하는 순간 가격이 쑥 내려간다는 게 자체 광고 문구. 예약 요금의 4~7%의 포인트를 적립 후 차후 결제가 가능하게 하는 혜택을 준다.

D-10

면세점 쇼핑하기

해외여행 떠날 때 누리는 또 하나의 즐거움이 바로 면세점 쇼핑. 오로지 해외로 나가는 여행자들만 누릴 수 있는 특권이다. 참고로 한국 입국 시에 국내 면세점 이용은 불가능하다는 점을 염두에 둘 것.

면세점 쇼핑 시 준비물

❶ 여권
❷ 항공권 혹은 정확한 출국 정보(출국 일시, 출국 공항, 출국 편명)

면세점 구매 한도

출국 시 내국인의 국내 면세품 구입 한도는 1인당 3000달러이지만, 입국 시 면세 범위는 600달러까지만 적용된다. 즉, 600달러를 초과하는 물품에 대해서는 자진 신고하고 세금을 내야 한다. 만약 신고하지 않았다가 적발될 경우, 세금 외에 가산세가 추가되며 경우에 따라 처벌받을 수 있다.

면세점의 종류

❶ **시내 면세점** : 시내 면세점을 이용하면 직접 방문해서 물건을 보고 구입할 수 있다는 장점이 있다. 때로는 세일이나 구매 금액별 상품권 이벤트 같은 혜택도 있다. 먼저 VIP 카드를 발급받은 후 쇼핑하면 더욱 저렴하다.

❷ **공항 면세점** : 공항 면세점은 별도로 시간을 내지 않아도 출국 직전에 쇼핑을 즐길 수 있어 편리하다. 단, 상품 구색이 시내 면세점에 비해 적고 할인 등의 혜택이 적다.

❸ **기내 면세점** : 항공사에서 제공하는 서비스로 출국하는 비행기 안에서 책자를 보고 주문하면 쇼핑한 물건을 바로 받을 수 있어 편리하다. 하지만 판매하는 물품이 한정되어 있어 선택의 폭이 좁고, 인기 상품은 빨리 매진된다는 단점이 있다.

❹ **인터넷 면세점** : 시내 면세점에서 직접 운영하는 온라인 면세점으로, 요즘은 스마트폰으로도 이용 가능해 더욱 편리하다. 각종 할인 쿠폰·적립금 제도로 시내 면세점보다 더욱 알뜰하게 쇼핑 가능하다.

동화면세점 www.dutyfree24.com
롯데면세점 www.lottedfs.com
신라면세점 www.dfsshilla.com
신세계면세점 www.ssgdfs.com
그랜드면세점 www.granddfs.com

구글맵 준비하기

D-5

구글맵 없는 시대엔 어떻게 해외 여행했을까, 싶을 만큼 요사이 자유 여행자들의 구글맵 의존도가 높다. 단순히 길찾기 기능 이외에 여행자들에게 유용한 기능 세 가지를 알아두면 현지에서 요긴하다. 모든 기능은 로그인을 우선적으로 실행해야 한다.

내 지도 만들기

구글맵의 '내 지도'를 이용하면 내가 가고 싶은 명소를 지도에 입력해 하루 코스는 물론, 전체 해외 여행의 루트의 동선을 파악해볼 수 있다. 웹에서 만든 '내 지도'는 휴대폰 앱에서도 연동되므로 현지에서도 편하게 사용할 수 있다.

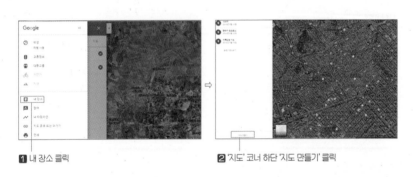

1 내 장소 클릭

2 '지도' 코너 하단 '지도 만들기' 클릭

3 가고 싶은 곳 검색 후 '+ 지도에 추가' 클릭

4 맛집, 숙소 등을 추가하여 '내 지도' 완성

오프라인 지도 저장하기

인터넷 속도가 느리거나 데이터 비용이 부담되거나 인터넷에 접속할 수 없는 곳을 여행할 때는 휴대폰에 여행 지도를 저장해 오프라인 상태에서 사용할 수 있다.

1 장소(예) 세비야 대성당) 검색 후 '저장됨' 버튼 누르면 지도에 별 표시됨

2 왼쪽 상단 줄 세 개 클릭해 '오프라인 지역' 선택

3 가고 싶은 장소, 즉 별 표시가 포함한 지도 네모 칸 이동하며 조절해 다운로드

4 '오프라인 지역'에서 세비야 지도 목록 확인, 현지에서 데이터 없이 사용 가능

내비게이션

해외에서는 내비게이션 선택의 폭이 그리 넓지 않다. 구글맵 내비게이션은 '오프라인 지역' 저장하기 기능으로 데이터 사용량에 대한 부담 없이 이용할 수 있는 게 큰 장점이다.

1 장소 검색

2 오프라인 지도 저장하기 (위 과정 참조, 현지 데이터 사정에 따라 생략해도 무방)

3 출발지와 목적지 입력 후 실행

TIP. 구글맵 도로의 크기

구글맵 이용 시 가장 많이 등장하는 도로는 Avenue와 Street이다. 약어로 Ave.나 Av., St.로 표기되기도 한다. 미국의 웬만한 곳은 몇 번째 Av., 몇 번째 St.만 알면 어디든 찾아갈 수 있다. 참고로 도로의 크기를 순서대로 나열하면, Boulevard > Avenue, Street > Road > Drive 순이다. Boulevard는 대부분 6차선 이상의 '대로'이고, Avenue와 Street는 4차선이나 2차선 도로, Road는 좁은 2차선 도로, Drive는 골목길 정도로 생각하면 된다.

환전하기

환율은 주식시장의 주가처럼 한시도 쉬지 않고 변동되기 때문에 언제 환전하는 것이 이득인지 가늠할 수 없지만, 노력하기에 따라서 환율 우대를 받거나 수수료를 할인받을 수 있다. 환전할 때는 '현찰 살 때(현찰 매도율)' 부분에 기재된 금액을 보면 된다.

환율 우대받기

❶ 시중은행은 고객의 거래 실적에 따라 환율을 우대해준다. 따라서 주거래은행에 가서 주거래 고객임을 밝히고 환전 수수료 우대를 받는 것이 가장 유리하다. 거래 실적에 따라 20~40% 정도의 환전 수수료를 아낄 수 있다.

❷ 인터넷 검색을 통해 환율 우대 쿠폰을 찾아보는것도 방법. 시중 은행 홈페이지나 여행사 홈페이지, 면세점 홈페이지 등을 통해 환율 우대 쿠폰을 다운받을 수 있다.

❸ 시중 은행의 홈페이지를 방문해 인터넷 환전을 신청하는 것도 괜찮다. 사이버 환전 서비스를 신청하면 원하는 지점에서 외환을 바로 찾을 수 있다. 만약 공항에서 수령하고 싶다면 해당 은행의 공항 지점이 있는지 미리 확인해보자.

❹ 서울이나 부산 같은 대도시 중심가에는 사설 환전소가 있다. 이런 사설 환전소를 이용하면 은행보다 조금 더 유리한 조건으로 환전할 수 있다. 사설 환전소는 충분히 정보를 검색한 후 방문할 것.

현금 외 여행 경비 결제 수단

❶ **직불카드** : 직불카드에는 PLUS, Cirrus, Maestro와 같은 마크가 표시되어 있다. 뽑으려는 ATM에 같은 마크가 표시되어 있으면 현금을 인출할 수 있다.

❷ **신용카드** : 유럽은 주로 VISA와 MASTER가 많이 쓰이고 그 밖에 AMEX, JCB 같은 카드도 사용할 수 있다.

❸ **여행자 수표** : 특히 치안이 좋지 않은 나라를 여행할 때 쓰기에 좋다. 여행자 수표는 현금 대신 사용할 수 있는 수표로, 일련번호를 알고 있으면 분실 시 재발급받을 수 있다. 유럽에선 AMEX와 Thomas Cook의 여행자 수표를 많이 사용한다.

D-1

짐 꾸리기

정작 중요한 것을 빠뜨리지 않았는지 다음 리스트를 참고해 다시 한 번 체크해볼 것.

반드시 챙겨 갈 것

☐ 여권
☐ 증명사진 & 여권 사본(여권 분실 대비)
☐ 항공권
☐ 현지 화폐 & 신용카드
☐ 국제학생증 & 국제운전면허증(해당하는 경우)
☐ 휴대전화 및 충전기
☐ 작은 가방

☐ 일정표
☐ 옷가지
☐ 세면도구
☐ 화장품
☐ 속옷
☐ 상비약
☐ 멀티탭

챙겨 가면 좋은 것

☐ 선글라스
☐ 시계
☐ 모자

☐ 자외선 차단제
☐ 카메라
☐ 노트북

☐ 비닐봉지
☐ 반짇고리
☐ 면도기

TIP. 주의! 수하물 무게와 액체류 반입 기준

항공사마다 기준이 각기 다르지만, 비행기 이용 시 수하물로 부칠 수 있는 짐의 무게는 일반적으로 이코노미 클래스 20kg, 비즈니스 클래스 30kg으로 제한되어 있다. 이를 초과할 경우 1kg 단위로 요금을 지불해야 한다. 또한 물, 음료, 화장품 등의 액체를 기내로 반입할 경우 100ml 이하의 개별 용기에 담아 1l 내의 투명 비닐 지퍼백에 넣어야 한다. 짐을 쌀 때 참고할 것.

TIP. 여행자 보험과 휴대전화 로밍

미리 알아보고 준비할 수도 있겠지만 출국 당일 공항에서 해도 무방한 두 가지, 바로 여행자 보험 가입과 휴대전화 로밍이다. 공항 내 해당 부스에 10분 정도면 간단히 비교해보고 가입 가능하다. 휴대전화 로밍의 경우 포켓와이파이 등과 비교하여 편리한 것으로 선택하면 된다.

여행 단어 사전

ㄱ

가격 price _162, 180
가까운 near _94
가는 길 way to~ _152
가방 bag _44, 50, 176, 196
가이드 투어 guided tour _154
가장 가까운 nearest _152, 196
가장 유명한 the most famous _152, 156
가장 인기 있는 the most popular _44, 128, 152, 156, 176
각자 · 따로 separate _136
간식 · 과자 snack _68
감자튀김 fried potato = french fries _138
객실 번호 room number _106
객실 비품 amenity _114
객실 키 room key _106
객실료 room rate _106, 108
거스름돈 change _138
거주자 resident _48
걷다 walk = on foot _94, 152
겉옷 outerwear = jacket = coat _42
견인 tow-away _98
견인차 tow truck _98
경기 match = game _160
경기장 stadium _160
경유(주유소) diesel _92
경유(공항) layover≒stopover _46
경찰 police _200
경찰서 police station _196
계산 · 지불하다 pay _44, 136, 182
계산대 checkout counter _138
계산서 bill = check _136
고소하다 nutty _130
고속도로 highway _98
고장 나다 not work = broken _116

고추장 pepper paste _66
골프 golf = tee time _162
골프장 golf course _162
공연 show _156
공항 코드 airline code _59
과식 overeating _198
관광 sightseeing _48
관광 투어 sightseeing tour _154
교차로 intersection _98
교체하다 replace _114
교통사고 car accident _200
교환하다 exchange _186
구강세척제 mouthwash _68
구급약 상자 first aid kit _75
구급차 ambulance _200
국제운전면허증
international driver's license _90
굽다 bake = grill = roast _130
귀마개 earplug _68
규정 무게 초과 overweight _40
금연석 non-smoking area = non-smoking table _124, 126
기념관 souvenir shop _160
기념품 숍 gift shop _158
기다리다 wait _96
기본요금 basic rate _88
기차 train _96
기차역 train station _86
기차표 train ticket _82
길 street _152
길을 잃은 lost _94
끄다 turn off _72
끓이다 boil _130
끼다 tight _178

ㄴ

나이프 knife _132
난방 heating _116
남성용 men's _176, 178
낮추다 turn down _72
내 자리 my seat _64
내리다 get off _84, 86, 88
내릴 정류장 my stop _84
냅킨 napkin _68, 132, 138
너무 맵다 too spicy _134
너무 익은 over done _134
너무 작은 too small _178
너무 짜다 too salty _134
너무 큰 too large _178
노선 line _86
노선도 route map _82
노쇼 No show _59, 118
농산품 agricultural products _50
높이다 turn up _72
놓치다 miss _84, 96
누르다 press _164
늦은 late _96
늦은 체크아웃 late check out _108

ㄷ

다른 색상 another color _176, 178
다시 오다 come back _166
다 익힘(스테이크 등) well done _130
다음 버스 next bus _84
다음 역 next station _86
다음 정류장 next stop _84
다치다 hurt _200
단지 ~하려고요 just ~ing _48
달다 sweet _130
달러 dollar _182
닭고기 chicken _66, 130
담배 cigarette _70
담요 blanket _68
대기 waiting _46
대기자 명단 waiting list _126

대여 rent _158
대여 날 pick up date _90
대여 요금 rental fare _90
대합실 lounge _46
더 가까이 closer to me _164
더 빨리 faster _88
더 작은 것 smaller one _178
더 저렴한 cheaper _44
더 큰 것 larger one _178
더 필요하다 need more _114
더블베드 double bed _104
덜 맵게 less spicy _128
덜 익은 under done _134
덜 익힘(스테이크 등) rare _130
덜 짜게 less salty _128
덥다 hot _116
데이 유스 day use _118
도난 robbery _196
도난 신고서 police report _196
도넛 donut _138
도착시간 arrival time _86
돌아가다 go back _166
돌아보다 look around _178
동승자 passenger _98
동전 coin _54
두 낫 디스텁 do not disturb _119
두통 headache _198
둘러보다 browse _176
뒤로(좌석 등을) put back _72
등 light _72
따뜻한 물 hot water _116
딱딱하다(면발 등이) hard _134
땅콩 peanut _68

ㄹ

라면 ramen noodles _68
레스토랑 restaurant _110
렌터카 rental car _90
로비 lobby _112
로컬 타임 local time _59

룸서비스 room service _108, 119
리필 refill _138

□

마지막차 last bus(train) _82
막차 last bus _84
만실 all booked _104
매진 sold out _156
매표소 ticket office _82, 84, 86
맥주 beer _68, 142
머리카락 hair _134
머물다 stay _48
멀리 far _94
메뉴 menu _128
메이크업 Make up _119
면도기 razor _114
면세 duty-free _44, 70
면세 한도 duty-free allowance _50
모닝콜 wake-up call _112, 119
모자 hat _42
목적 purpose _48
목적지 destination _48
무게 weight _40
무료 complimentary _114
무료 free _152
무료 주차 free parking _92
무승부 draw = tie _160
문제 trouble _116
물 water _66
물놀이 도구 swimming supplies _110
뮤지컬 musical _156
미니 바 mini bar _119
미술관 art museum _158

ㅂ

바디 샴푸 body gel _114
바우처(예약확인증) voucher _106, 118
바지 pants _176
박물관 museum _158
반납 날 return date _90

반대쪽 the other way _94
반대편 opposite _94
반신 a half length _164
반입 bring in _40, 50
방 청소 house keeping = clean _112
방 · 객실 room _104
방을 바꾸다 change rooms _116
배가 아프다 stomachache _198
배터리 battery _98
버거 burger _138
버스 bus _96
버스를 잘못 타다 on the wrong bus _84
버스표 bus ticket _82
버튼 button _72, 164
벌금 fine _50
범칙금 fine = penalty _98
벗다 take off _42
베개 pillow _68, 114
베기지 택 baggage tag _118
벨트 belt _42, 72
변경 change _154
병원 hospital _198
보관하다 keep _108
보내다 send _200
보증금 deposit _90, 104, 106
보험 insurance _98
통로 좌석 aisle seat _38, 64
부대시설 facilities _110
부재료 sub-ingredient _130
분실 lost _196
분실하다 miss _52
붇다(면발 등이) soft _134
블록 block _94
비누 soap _114
비상구 emergency exit _75
비상구 좌석 exit seat _38, 64
비싸다 expensive _180
비용 fee _40
비즈니스석 business class _64
비행기 flight _96

빨대 straw _132
빼다 without _128
뽁뽁이 bubble wrap _184

ㅅ

사거리 crossroad = intersection _94
사고 accident _98, 200
사용 가능한 available _112
사용 중 occupied _75
사용하지 않은 unused _186
사이다 sprite _68
사진 찍다 take a picture _164
상하다 go bad = off _134
새것 new one _114, 176, 186
샐러드 드레싱 salad dressing _138
생리대 sanitary napkin _68
생선 fish _66, 130
샴푸 shampoo _114
샷 추가 add a shot = one extra shot _140
선글라스 sunglasses _44
선물 gift _50
선물 포장 gift wrapping _184
설사 diarrhea _198
설탕 sugar _140
성인 adult _82
세관 customs _50
세관 신고서 customs form _50
세금 tax _50
세금 환급 tax refund _182
세면도구 toiletry _114
세일 중 on sale = off _176
세탁 서비스 laundry service _119
세탁실 laundry _110
세트 combo(set) _138
셔틀버스 shuttle bus _112
소고기 beef _66
소스 sauce ≒ dressing _130, 132
소액권 지폐 small bill _54
소주 soju _142
소지품 belonging _42

소형차 compact car _90
소화제 digestive medicine _198
손해 loss _180
쇠고기 beef _130
쇼핑백 shopping bag _184
수건 towel _114
수동 차 manual car _90
수면 안대 sleeping mask _68
수수료 fee _96
수영장 swimming pool _110
수하물 · 짐 baggage = luggage _40, 52
수하물 영수증 baggage claim tag _52
수하물 찾는 곳 baggage claim _52
숙박비 room rate _104
숙소 accommodation _104
숟가락 spoon _132
승객 passenger _46
승무원 flight attendant _70
승무원 콜 버튼 attendant call _75
시간표 timetable _82, 96
시계 watch _70
시끄럽다 noisy _116
시내 지도 city map _152
시내 투어 city tour _154
시내행 for downtown _84
시다 sour _130
시동 start _98
시럽 syrup _140
시작 start = begin _154, 156
식다 cold _134
식당칸 dining car _86
식사 시간 meal time _66
식후 after meal _198
신고하다 declare = report _50, 200
신발 shoes _176
신상품 new product _176
신선하지 않다 not fresh _134
신용카드 credit card _70, 136, 182
신호등 traffic light _98
실내 inside _126

쏟다 spilt _114
쓰루 보딩 through boarding _59
씨아이큐 CIQ _59

ㅇ

아메리카노 americano _140
아이 kid _82
아이돌보미 서비스 day care service _110
아침 식사 breakfast _124
아프다 sick _198
안경 glasses _42
안내 책자 brochure _152, 158
안내소 information desk _152
안전벨트 seat belt _98
앞 좌석 front row seat _38
앞으로(좌석 등을)
put in the upright position _72
앞쪽 자리 front row seat _156
액세서리 accessories _70
액체류 liquids _42
야외 outside _126
약 medicine _198
약국 pharmacy _198
양념 seasoning _130
양보 yield _98
어떻게 ~하는지(사용법) how to _72
어린이 보호구역 school zone _98
어지럽다 dizzy _198
에어컨 air conditioner _88
에이티디 ATD(actual time of departure) _59
에이티에이 ATA(actual time of arrival) _59
엔진 engine _98
여객 터미널 passenger terminal _38
여권 passport _38, 48, 196
여기 here _88, 138
여성용 women's _176, 178
여행 travelling _166
여행사 travel agency _96
여행자 보험 travel insurance _198
여행하다 travel _48

연락처 contact number _96
연착 delay _46
연하다 weak _140
열다 open _88
영사관 consulate _196
영수증 receipt _136, 182, 186
예쁘게 nicely _184
예약 reservation _104, 106, 124, 126, 162
예약하다 reserve _124, 126
오늘밤 공연 tonight's show _156
오늘의 특선 메뉴 today's special _128
오디오 가이드 audio guide _158
오류 · 착오 wrong _136
오른쪽 right _94
오버헤드 빈 overhead bin _75
오케스트라 orchestra _156
오토매틱 차 automatic car _90
오픈카 convertible _90
오픈 티켓 open ticket _59
올 인클루시브 all inclusive _118
올려주세요 put it on _40
와이파이 비밀번호 wifi password _112
와인 wine _68, 142
왕복 round trip _82
왕복 티켓 return ticket _48
외국인 foreigner _48
왼쪽 left _94
욕조가 있는 with a bath _104
우유 거품 milk foam _140
우회로 detour _98
운전경력 driving record _90
원화 Korean currency _70
위스키 whiskey _70, 142
위층 upstairs _126
위치 location _152
유로 euro _182
유료 주차 pay parking _92
유모차 stroller _52
유아 운임 Infant fare _59
유아 의자 high chair _126

유아용 카시트 car seat _90
음량 volume _72
음료 drink _66
응원하다 root for _160
이 주소 this address _88
이것 this one _44, 70, 128, 176
이기다 win _160
이른 체크인 early check in _106
이불 blanket _114
이쑤시개 toothpick _132
이쪽 this way _94
인보이스 Invoice _118
인터넷이 되는 with internet _104
일등석 first class _64
일반석 economy class _64
일방통행 one way _98
일일 대여료 daily rate _90
일일 투어 a day tour _154
일정표 itinerary _52
일행 party _124
임산부 pregnant _42
입구 entrance _158
입국 심사 immigration _48
입국신고서 entry card _48
입석 standing _82

ㅈ

자리 table _126
자리를 예약하다 book a table _124
작동하지 않다 not working _72
작성 fill in _196
작은 사이즈 small size _140
잔돈 change _54
잔돈 small change _88, 136
장비 equipments = clubs _162
재발급받다 reissue _196
쟁반 tray _138
저기 there _88
저기, 저쪽 over there _94
저녁 식사 dinner _124

저울 scale _40
저지 jersey _160
전망이 좋은 a nice view _104
전신 a full length _164
전자항공권 e-ticket _38
전철역 subway station _86
점심 식사 lunch _124
접시 plate _132
젓가락 chopsticks _132
정류장 stop _84
정차 layover _86
조개 clam _130
조식 breakfast _110
조식 포함 breakfast included _104
좋아하는 favorite _128
좌석 seat _38, 64, 156
좌석 번호 seat number _64
주머니 pocket _42
주문 order _138
주문하지 않은 not order _134, 136
주스 juice _66
주유소 gas station _92, 98
주재료 main ingredient _130
주차 parking _92
주차금지 no parking _98
주차요금 parking fee _98
주차위반 parking violation _98
주차장 parking lot _92, 124
주행거리 mileage _90
줄 line _158
중간 자리 seat in the middle row _156
중간 익힘(스테이크 등) medium _130
중형차 mid-size car _90
지갑 wallet _176, 196
지나서 beyond _94
지다 lose _160
지도 map _98
지불하다 pay _40, 186
지역 특산품 local product _176
지폐 bill _54

지하 basement _110

지하도 underpass _98

직진 go straight _94

직행, 직항, 직통 direct _38, 86

진통제 pain killer _68, 198

진하다 strong _140

질감 · 농도 texture _130

질기다 tough _134

짐 · 수하물 baggage = luggage _40, 52, 112

찌다 steam _130

ㅊ

차 tea _66, 140

차선 lane _98

착용해보다 try on _178

창가 자리 table by the window _124, 126

창가 좌석 window seat _38, 64

채우다 fill up _92

천천히 slowly _88, 166

첫차 first bus(train) _82

체크아웃 check out _108

체크인 check in _106

초콜릿 chocolate _70

추가 요금 extra charge _40, 154

추가하다 extra _128

추월 금지 no passing _98

추천 recommendation _128

추천하다 recommend _128, 142, 152

출구 exit _158

출발 departure _38

출발시간 departure time _86

출발지 point of departure _48

춥다 cold _116

충돌 crash _200

충전하다 recharge _82

취소 cancel _154

층 floor _106

치마 skirt _176

침대 시트 bed sheet _114

침대 추가 extra bed _104

침대칸 sleeping car _82, 86

칫솔 toothbrush _114

ㅋ

카메라 camera _164

카트 cart _52, 162

카페라떼 caffe latte _140

카푸치노 cappuccino _140

칵테일 cocktail _142

캐디 caddie _162

커피 coffee _66

컨시어지 concierge _112

케이크 cake _140

케첩 ketchup _138

켜다 turn on _72

코너 corner _94

코드 셰어 code share _59

콜라 coke _68

콜택시 cab _88

쿠폰 coupon _180

큰 사이즈 large size _140

ㅌ

타다 get on _84

타이어 tire _98

탈의실 fitting room _178

탑승 boarding _46

탑승구 gate _38, 46

탑승권 boarding pass _38, 64

택시 taxi _88, 112

터미널 terminal _38

턴 다운 Turn Down _118

텍스 리펀 Tax refund _59

투숙객 할인 discount for guests _110

투어를 예약하다 book a tour _154

튀기다 fry _130

트렁크 trunk _88

트레이 tray table _66

트윈베드 twin bed _104

특별식 special meal _66

티셔츠 t-shirt _176

ㅍ

파손 broken _52
팬 fan _160
편도 one way _82
편명 flight number _46
포장 take out = to go _138
포장 wrapping = packing _184
포장 코너 gift-wrap corner _184
포크 fork _132
포함되다 include _136
표 ticket _82, 156
풀 보드 full board _118
프런트 front desk _106
프림 cream _140
피에스씨 PSC(passenger service charge) _59
피자 pizza _138
피처 pitcher _142

ㅎ

하나 더 one more _66, 132, 142, 164
하룻밤 더 one more night _108
하자 flaw _186
하프 보드 half board _118
한 병 a bottle of~ _142
한 보루 one carton _70
한 잔 a glass(shot) of~ _142
한 조각 a piece _140
한국어 신문 Korean newspaper _68
한국어 옵션, 한국인 Korean _72, 166
한국어 자막 Korean subtitle _72
할부 monthly installment plan _182
할인 discount _180
핫도그 corn dog _138
항공사 airline _96
해산물 seafood _130
향수 perfume _70
허리가 아프다 backache _198
허용하다 allow _42

헐렁하다 loose _178
헤드폰 headphone _72
헤어드라이어 hair dryer _114
헬스장 gym _110
현금 cash _70, 136, 180, 182
현지 · 현지인 local _128
화면 screen _72
화장실 lavatory _75
화장실 restroom _158
화장품 cosmetics _44, 70
환불 refund _96, 154
환불 규정 refund policy _186
환불하다 refund _186
환승 transfer = transit _46, 84, 86
환승 편 connecting flight _46
환승하다 transfer _86
환율 exchange rate _54
환전, 환전소 money exchange _54
휘발유 gasoline _92, 98
휘핑크림 whipped cream _140
휴가 vacation _48, 166
휴게소 rest area _98
휴대 가방 carry-on _40
휴대폰 cell phone = smartphone = mobile phone _42, 196
휴지 tissue _114
흡연석 smoking area _124, 126
히터 heater _88

숫자, 기타

1박 per night _104
1인실 single room _104
1일 교통권 a (one) day pass _82
2인석 a table for two _124
2인실 double room _104
4인승 four-seater _90
~로 만들다 made of _130
~로 할게요 I'll take _90
~주세요 ~please _38, 66

박코치의 100단어 여행 영어

개정1판 1쇄 2018년 11월 26일

지은이 박코치어학원

발행인 양원석
본부장 김순미
편집장 고현진
책임편집 최혜진
디자인 RHK 디자인팀 강소정, 지현정
해외저작권 황지현
제작 문태일
영업마케팅 최창규, 김용환, 정주호, 양정길, 이은혜, 신우섭
유가형, 조아라, 김유정, 임도진, 우정아, 정문희
펴낸 곳 (주)알에이치코리아
주소 서울시 금천구 가산디지털2로 53 한라시그마밸리 20층
편집 문의 02-6443-8892 **구입 문의** 02-6443-8838
홈페이지 http://rhk.co.kr
등록 2004년 1월 15일 제 2-3726호

ⓒ 박코치어학원 2018

ISBN 978-89-255-6510-1   13740